apasionado
cocina para seducir

© Murdoch Books Pty Ltd 2002
© Editorial Everest S. A. para la edición española
Carretera León - La Coruña, km 5 - LEÓN
ISBN: 978-84-241-8390-5
Depósito Legal: LE: 1728-2007
Printed in Spain - Impreso en España

EDITORIAL EVERGRÁFICAS, S. L.
Carretera León - La Coruña, km 5 LEÓN (ESPAÑA)

www.everest.es
Atención al cliente: 902 123 400

Design Concept: Marylouise Brammer
Designer: Michelle Cutler
Recipe introductions: Lucy Campbell
Editorial Director: Diana Hill
Editor: Zoë Harpham
Food Director: Lulu Grimes
Recipes developed by *the Murdoch Books Test Kitchen*

Chief Executive: Juliet Rogers
Publisher: Kay Scarlett
Production Manager: Kylie Kirkwood

Título original: *Passion. Seductive food*
Traducción: Mª Luisa Rodríguez Pérez

ABREVIATURAS:
cm = centímetros
cs = cucharada sopera
ct = cucharadita de té
dl = decilitros
fl oz = onzas fluidas
g = gramos
h. = horas
kg = kilogramos
l = litros
lb = libras
min. = minutos
ml = mililitros
mm = milímetros
ºC = grados centígrados
ºF = grados Fahrenheit
oz = onzas
pulg. = pulgadas
seg. = segundos

IMPORTANTE: Aquellas personas que puedan sufrir riesgo de intoxicación por salmonelosis (personas mayores, mujeres embarazadas, niños y personas con enfermedades del sistema inmunitario) deberían consultar con su médico de cabecera sobre las posibles consecuencias del consumo de huevos crudos.

apasionado
cocina para seducir

everest

contenidos

apasionado

meloso, untuoso y riquísimo

Algunos alimentos son famosos porque nos seducen con su fragancia y sabor; otros porque evocan recuerdos de nuestra niñez. Y otros porque son clásicos que no pueden ser mejorados. Este libro está repleto de nuestros alimentos favoritos, desde postres dulces que recordamos desde la niñez hasta platos picantes que han obrado magia en nosotros siendo adultos. Hemos decidido unir estas recetas según el tipo de comida, ya sea sexy, picante, tórrida, cremosa, salada o azucarada.

¿Deseas un postre lascivo? Ve directo al capítulo Azucarado. ¿Te mueres por algo más sabroso? El pescado con patatas o una tabla de quesos te dejarán satisfecho: ambos en el capítulo Salado. En pleno invierno, tal vez prefieras sumergirte en el capítulo Tórrido, con su selección de suculentos pasteles, guisos a fuego lento y postres reconfortantes. Y en lo más ardiente del verano, opta por lo fresco y crujiente con un bocado de ensalada tailandesa de ternera del capítulo Picante. En ocasiones necesitamos algo sedoso y cremoso, quizá como espaguetis a la carbonara o una decadente mousse de chocolate, ambos en el capítulo Cremoso. Por último, está la comida Sexy, que incluye platos que preparan el ambiente para la seducción o para sellar una relación ya establecida.

Así pues, déjate seducir por la comida que te gusta comer.

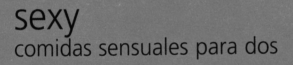

sexy
comidas sensuales para dos

La perfección helada
de un martini clásico
marca el tono de la noche
más elegante.

martini

cubitos de hielo	Llenar de hielo hasta la mitad un vaso
45 ml (1 1/2 fl oz) de ginebra	mezclador. Verter la ginebra y el vermut, y
15 ml (1/2 fl oz) de vermut seco	luego remover. Colar en una copa de martini
(o al gusto)	helada y adornar con una aceituna verde.
una aceituna verde	Para 1 persona.

El cosmopolitan es un bebida para ser consumida con tus mejores galas.

cosmopolitan

cubitos de hielo
30 ml (1 fl oz) de vodka con sabor a limón
15 ml (1/2 fl oz) de Cointreau
45 ml (11/2 fl oz) de zumo de arándanos amargos
10 ml (1/4 fl oz) de zumo de lima
un chorrito de lima

Llenar de hielo hasta la mitad una coctelera. Verter el vodka, el Cointreau, el zumo de arándanos amargos y el zumo de lima, y agitar bien. Colar en una copa de martini grande helada. Adornar con una rodaja de lima retorcida.
Para 1 persona.

Los esparrágos y el huevo
forman un gran equipo,
y la elección de hermosos y
delicados huevos de codorniz
para acompañar los esbeltos
tallos es más que inspirada.

espárragos con huevos de codorniz y salsa holandesa de lima

16 espárragos
1 ct de vinagre de vino blanco
6 huevos de codorniz
2 yemas de huevo
150 g (5½ oz) de mantequilla fundida
2 cs de zumo de lima
una pizca de pimentón
raspas de queso parmesano de calidad

Utilizando el aceite como pegamento, recubrir los espárragos con 1 ct de pimienta negra.

Llenar de agua hasta la mitad una sartén honda, llevar a ebullición y añadir el vinagre: esto evitará que la clara se separe de la yema al hacer los huevos. Cascar los huevos de codorniz, de uno en uno, en un cuenco pequeño antes de echarlos despacio a la sartén. Cocinar hasta que la clara se vuelva opaca y sacar con cuidado de la sartén con una espumadera. Mantener caliente.

Calentar el aceite restante en una sartén grande y freír los espárragos a fuego fuerte hasta que estén tiernos y adquieran un tono verde vivo, unos 2 min.

Para hacer la salsa holandesa, batir las yemas de huevo en una batidora y añadir poco a poco la mantequilla fundida en un chorro fino y constante. Mezclar hasta obtener una salsa cremosa y espesa. Agregar el zumo de lima, probar un poco y añadir sal y pimienta si fuera necesario.

Repartir los espárragos entre dos platos calientes, coronar con tres huevos de codorniz por persona, regar con la salsa holandesa y espolvorear con pimentón y raspas de queso parmesano. Lo mejor es servir inmediatamente.

Para 2 personas como entrante.

alcachofas con vinagreta

2 alcachofas
el zumo de medio limón

Para la vinagreta:
2½ cs de aceite de oliva
1 cebolleta picada finamente
1 cs de vino blanco
1 cs de vinagre de vino blanco
¼ ct de mostaza de Dijon
una pizca de azúcar
2 cs de perejil picado finamente

Partir el tallo de las alcachofas, tirando de las hebras al mismo tiempo, y luego recortar la base hasta dejarla plana. Hervir las alcachofas en una cazuela grande de agua con sal y limón. Poner un plato encima para mantenerlas sumergidas en el agua. Cocer a fuego lento hasta que las hojas de la base se desprendan con facilidad, aproximadamente ½ h. Enfriar bajo un chorro de agua fría y luego escurrir boca abajo.

Para hacer la vinagreta, calentar 1 cs del aceite en una cazuela pequeña, añadir la cebolleta y rehogar a fuego lento durante 2 min. Dejar enfriar un poco y luego añadir el vino, el vinagre, la mostaza y el azúcar. Incorporar lentamente el resto del aceite. Sazonar y agregar la mitad del perejil. Colocar una alcachofa en cada plato y abrirla un poco. Verter 1 cs de aliño, dejando que penetre en la alcachofa y riegue el plato. Poner el resto del aliño en un cuenco pequeño. Espolvorear cada alcachofa con perejil.

Consumir las hojas de una en una, untándolas en la vinagreta y desprendiendo la carne de las hojas con los dientes. Cuando se llegue al centro, retirar las hojas pequeñas y extraer el cogollo con una cucharita. Degustar el tiernísimo "corazón".

Para 2 personas como entrante.

Untar cada suculenta hoja
en la agria vinagreta y sorber
lentamente los deliciosos
sabores puede ser realmente
excitante. ¿Estás preparada?

Esta sopa es tan elegante
que debería reservarse
para aquéllos a los que
deseamos impresionar.

bisque de cangrejo

500 g (1 lb 2 oz) de cangrejos vivos
25 g (1 oz) de mantequilla
¼ de zanahoria picado finamente
¼ de cebolla picado finamente
la mitad de un tallo de apio picada finamente
1 hoja de laurel
1 ramita de tomillo
1 cs de concentrado de tomate
1 cs de brandy
4 cs de vino blanco seco
500 ml (2 tazas) de caldo de pescado
1½ cs de arroz
1½ cs de nata doble
una pizca de pimienta cayena

Para matar los cangrejos de una forma humana, congelarlos durante 1 h. Retirar el caparazón superior y la cola ósea de la parte inferior de cada cangrejo. Después, quitar las agallas de ambos lados del cangrejo y el saco intestinal. Desprender las patas y las pinzas. Calentar la mantequilla en una cazuela grande. Añadir las verduras, la hoja de laurel y el tomillo, y rehogar a fuego medio durante 3 min., sin dejar que las verduras se doren. Agregar las patas, las pinzas y el cuerpo del cangrejo y rehogar hasta que las conchas se tornen rojizas, unos 5 min. Incorporar el concentrado de tomate, el brandy y el vino, y cocinar a fuego lento hasta que se reduzca a la mitad.

Verter el caldo y 250 ml (1 taza) de agua, llevar a ebullición y luego reducir el fuego para que cueza lentamente durante 5 min. Sacar los caparazones y reservar las pinzas. Picar finamente los caparazones en un robot de cocina con un poco de sopa. Volver a echar los caparazones picados a la sopa junto con el arroz. Llevar a ebullición, reducir el fuego, tapar la cazuela y cocinar a fuego lento hasta que el arroz esté muy blando, una ½ h. Colar sobre una cazuela limpia, pasando la sopa por un colador fino forrado con una gasa y presionando para extraer todo el líquido de cocción. Añadir la nata, aderezar con sal y cayena, y volver a calentar. Servir adornado con las pinzas.

Para 2 personas como entrante.

vieiras con aliño sencillo

12 vieiras en su concha
2 chalotas picadas finamente
100 ml (3 1/2 fl oz) de verjuice
85 g (3 oz) de mantequilla refrigerada y
cortada en dados de 1 cm (1/2 pulg.)
1 tomate pera picado finamente
2 cebolletas, sólo la parte verde,
cortadas en juliana
2 cs de aceite de oliva virgen extra

Comenzar preparando las vieiras: desechar el pie y el músculo negro, y luego sacar las vieiras de la concha. Lavar y secar las conchas, y reservar porque las usaremos para servir. Y ahora el aliño. Poner las chalotas y el verjuice en una cazuela pequeña y llevar a ebullición. Cocinar durante 2 min., hasta que se reduzca a un tercio. Apartar la cazuela del fuego, incorporar la mantequilla, dado a dado. Añadir el tomate y las cebolletas, y salpimentar generosamente.

Las vieiras deben hacerse brevemente a fuego fuerte: freírlas en aceite de oliva durante 1 min. por cada lado. Volver a poner las vieiras en su concha y regarlas con el aromático aliño de mantequilla.

Para 2 personas como entrante.

Las vieiras poseen un fresco sabor a mar que alcanza todo su esplendor con aliños sencillos.

Las pequeñas pero perfectamente formadas esferas de caviar merecen un tratamiento especial. Utiliza una cuchara de madreperla, ya que la plata dota al caviar de un sabor metálico. Además, la madreperla resulta más delicada con los huevos.

blinis clásicos

200 g (7 oz) de harina de alforfón
125 g (1 taza) de harina de trigo
2 cs de levadura seca
625 ml (2½ tazas) de leche templada
2 cs de mantequilla fundida
3 huevos, separados
huevas de caviar o salmón
crema agria

Tamizar las harinas en un cuenco grande que no sea de metal. Añadir la levadura y ½ ct de sal; mezclar. Hace un hoyo en el centro y verter en él la leche templada. Mezclar hasta obtener una masa y batir durante 2 min. para eliminar los grumos. Cubrir el cuenco y dejar que la masa "suba" durante 1 ó 2 h., cuando tendremos una masa con burbujas.

Batir hasta hacer desaparecer las burbujas de la masa. Añadir la mantequilla fundida y 3 yemas de huevo; incorporar batiendo. En otro cuenco, batir las tres claras de huevo a punto de nieve y luego agregarlas a la masa. Dejar reposar otros 10 min.

Engrasar una sartén de base gruesa (o aún mejor, una sartén especial para blinis) con mantequilla y freír cucharadas de la masa hasta que suban burbujas a la superficie y la parte inferior se dore. Dar vuelta a los blinis y hacer por el otro lado durante 1 min., hasta que adquieran color. Mantener calientes en el horno hasta el momento de servirlos acompañados de caviar y nata agria. A menos que no se sirva otra comida, probablemente no se consumirán en su totalidad. Congelar las sobras y luego recalentar lentamente en cualquier otra ocasión.

Se obtienen 40.

ostras suculentas

Una bandeja de ostras siempre es una forma maravillosa de comenzar una comida, sobre todo porque son fáciles de preparar y causan una gran impresión. Comienza con ostras frescas en su concha y comprueba si merecen su reputación afrodisíaca. Puedes servirlas al natural con un chorro de zumo de limón o preparar uno o dos de los aliños de la página siguiente. Cada uno de los aliños basta para una docena de ostras. Dependiendo de cuánto os gusten las ostras, de una a dos docenas será más que suficiente para dos personas. Si tienes un buen pescadero, tal vez puedas comprar ostras de distintos orígenes -por ejemplo, unas ostras europeas o del Pacífico y otras cuantas de roca-, pero no es necesario. Lo que de verdad importa es que las compres frescas. Necesitarás mucha sal de roca en las bandejas para equilibrar las ostras y muchas rodajas de limón para exprimir. Un consejo: no a todo el mundo le gustan las ostras; así pues, antes de honrar a tu invitado con una bandeja exquisitamente preparada, es más que recomendable averiguar sus gustos acerca de este molusco.

Preparación de las ostras

Lo ideal es adquirir las ostras vivas, con las conchas cerradas. En este estado, deberían ser pesadas y estar llenas de agua. Si compras ostras abiertas, elige las gordas y húmedas que tengan una carne cremosa rodeada de un líquido transparente. Deberían oler a mar y no presentar partículas de conchas. Para comprobar si están vivas, tira de los pelillos que rodean el borde de la carne; si se retractan, la ostra está viva.

Las ostras cerradas pueden conservarse en el frigorífico durante una semana. Si están abiertas, conservarlas en su líquido y consumirlas en las siguientes 24 h. Sacar las ostras de la concha, lavar las conchas bajo un chorro de agua fría, secarlas dando golpecitos con un trapo y volver a poner las ostras en la concha.

Para abrir las ostras es necesario un abreostras para evitar accidentes: cuentan con un protector especial para la mano. Primero, envolver la ostra cerrada con un paño. A continuación, introducir la hoja del abreostras en la ostra y girar para romper la bisagra. Retirar la concha de arriba y deslizar el abreostras entre la ostra y la concha para liberar la carne. Lavar ambas para eliminar la arenilla y volver a poner la ostra en la concha.

Salsa de tomate y cilantro

Cortar por la mitad dos tomates de viña pequeños que estén maduros y quitar las semillas con una cucharilla. Cortar la carne del tomate en dados pequeños y ponerla en un cuenco con 2 cs de cebolla roja picada finamente y 1 cs de hojas de cilantro picadas. Mezclar bien. Combinar 1 cs de vinagre de arroz y 1/2 ct de azúcar extrafino en una jarra, y luego incorporar a la salsa. Salpimentar al gusto con sal y pimienta recién molida, y refrigerar hasta el momento de servirse por encima de las ostras.

Salsa de chile y lima

Calentar 1 cs de aceite de cacahuete en una cazuela pequeña, añadir un diente de ajo machacado y rehogar durante 1 min. o hasta que se ablande. Agregar 2 ct de zumo de lima, 1 cs de salsa de chile dulce, 1/2 ct de aceite de sésamo y 1 ct de salsa de pescado. Cocinar a fuego lento durante 1 min. o hasta que espese. Dejar enfriar del todo antes de servir con las ostras.

higos templados con camisa de jamón serrano crujiente

50 g (1³/4 oz) de mantequilla sin sal
2 cs de zumo de naranja
12 hojas de salvia
6 higos frescos cortados a la mitad
en sentido longitudinal
6 lonchas finas de jamón serrano cortadas
a la mitad en sentido longitudinal

Fundir la mantequilla y luego calentar al fuego hasta que desaparezca la espuma y los residuos lácteos sólidos parezcan motas marrones en la base de la sartén, unos 10 min. Colar la mantequilla en un cuenco pasándola por un colador forrado con papel absorbente o un paño de cocina limpio. Añadir el zumo de naranja a la mantequilla colada para darle un delicado sabor a cítrico. Poner una hoja de salvia sobre cada mitad de higo y luego rodear el centro de cada higo con una loncha de jamón serrano, ocultando el extremo por debajo del higo. Colocar los higos, con el lado cortado hacia arriba, sobre una bandeja de horno y untar con la mantequilla con sabor a cítrico.
Meter al horno la bandeja con los higos y dorarlos al grill hasta que el jamón se vuelva crujiente: bastará con 1 ó 2 min.
Para 2 personas como entrante.

La fruta más seductora es el higo maduro, envuelto en esta receta por una suculenta camisa de jamón serrano.

Una fondue es algo más que comida: es un ritual que da la oportunidad de relajarse con un grupo de amigos o con una persona especial. Procura tener a mano vino en abundancia.

fondue de queso

la mitad de un diente de ajo
1 botella de vino blanco seco
520 g (4 tazas) de queso Gruyère rallado
520 g (4 tazas) de queso Emmental rallado
2 cs de harina de maíz un chorro de kirsch
una pizca de nuez moscada recién molida
dados de pan

Frotar con el ajo el interior de la cazuela para fondue. Verter el vino y llevar a ebullición al fuego. Añadir los quesos y la harina de maíz, y deshacer el queso despacio, removiendo constantemente. Encender el quemador de la fondue y poner la cazuela sobre él, agregar el kirsch y la nuez moscada rallada.

Llevar a la mesa unos tenedores y un cuenco grande con pan cortado en dados. Sumergir los dados de pan, de uno en uno, en la mezcla de queso. Los dados no deben ser demasiado grandes.

Para 2-6 personas.

mejillones con azafrán, hierba de limón y tomates

750 g (1 lb 10 oz) de mejillones negros
1-2 cs de aceite de oliva
la mitad de una cebolla picada finamente
3 chalotas picadas finamente
1 tallo de hierba de limón, sólo la parte blanca, picado finamente
hebras de azafrán
3 tomates pera picados
125 ml (1/2 taza) de vino blanco seco
1 diente de ajo machacado
1 cs de perejil de hoja plana (italiano) picado
pan crujiente

En primer lugar, preparar los mejillones. Frotar con un cepillo de cerdas duras y retirar las barbas. Desechar los que estén abiertos o tengan rota la concha.

Calentar el aceite en una cazuela grande y freír la cebolla, las chalotas y la hierba de limón hasta que estén doradas. Añadir el azafrán y los tomates y cocinar hasta que los tomates empiecen a ablandarse, unos 5 min. Agregar el vino y 3 cs de agua, y llevar a ebullición. Poner la tapadera y dejar que el caldo hierva a fuego lento durante 10 min. Echar los mejillones a la cazuela y volver a tapar. Cocinar los mejillones durante 5 min., moviendo la cazuela de vez en cuando, hasta que se abran. Desechar los mejillones que no se hayan abierto. Añadir el ajo, el azúcar y el perejil, y salpimentar con sal y pimienta negra recién molida. Servir inmediatamente con abundante pan crujiente para untar en la gloriosa salsa.

Para 2 personas.

Ve a la pescadería a primera hora en busca de los productos más frescos, compra una barra de pan recién hecho y luego relájate y disfruta de los jugosos mejillones en salsa aromática.

Dulce carne de cangrejo batida en un soufflé esponjoso y dorado: el plato ideal para ocasiones en que deseas presumir.

soufflés de cangrejo

15 g (1/2 oz) de mantequilla fundida
1 diente de ajo clavado en un cuarto
de cebolla
1 hoja de laurel
2 granos de pimienta negra
4 cs de leche
2 ct de mantequilla
la mitad de una chalota francesa
picada finamente
2 ct de harina
1 yema de huevo
85 g (3 oz) de carne de cangrejo cocinada
una pizca de pimienta cayena
3 claras de huevo

Untar dos ramekines, o moldes individuales, con 125 ml (1/2 taza) de mantequilla fundida. Poner la cebolla, la hoja de laurel, los granos de pimienta y la leche en una cazuela pequeña. Llevar a ebullición, apartar del fuego y dejar que infunda durante 10 min. Colar. Fundir la mantequilla en una cazuela y luego rehogar la chalota hasta que esté blanda pero no dorada. Añadir la harina y cocinar, removiendo constantemente, hasta que adquiera una tonalidad marfil. Apartar la cazuela del fuego, verter poco a poco la leche, batiendo. Volver a poner la cazuela en el fuego y cocinar a fuego lento durante 3 min., removiendo constantemente. Incorporar la yema de huevo. Añadir la carne de cangrejo y mantener al fuego hasta que la mezcla se caliente y espese de nuevo (no dejar que hierva). Verter en un cuenco refractario grande, añadir la cayena y sazonar bien. Batir a punto de nieve las claras de huevo en un cuenco limpio y seco. Añadir un cuarto de la clara de huevo a la mezcla del soufflé y después agregar el resto lentamente. Verter en los moldes y deslizar el pulgar alrededor del borde interior de cada uno. Poner los moldes en una bandeja de horno y hornear a 200 °C (400 °F/ Gas 6) durante 12 min. o hasta que los soufflés hayan subido tanto que tiemblen ligeramente al tocarlos.
Para 2 personas.

ravioli grandes rellenos de espinacas

Para el relleno:
1 cs de mantequilla
la mitad de una cebolla pequeña
picada finamente
40 g (1 1/2 oz) de hojas
de espinaca baby
125 g (4 1/2 oz) de queso ricotta
2 cs de nata doble

2 láminas de lasaña frescas
50 g (1 3/4 oz) de espinacas congeladas,
descongeladas
125 ml (1/2 taza) de caldo de pollo

Comenzar con el relleno. Freír la cebolla en la mantequilla hasta que se ablande, unos 5 min. Añadir las espinacas y cocinar otros 4 min. Apartar la sartén del fuego, dejar enfriar a temperatura ambiente y luego picar las espinacas. Añadir el ricotta y 1 1/2 cs de la nata; sazonar.

Para hacer los ravioli, cortar cuadrados de 8 cm (3 pulg.) de las láminas de lasaña y cocerlos en una cazuela grande con agua salada hirviendo hasta que estén *al dente.* Escurrir.

Forrar una bandeja para horno con papel de horno y extender sobre ella los cuadrados de pasta. Repartir el relleno entre cuatro porciones y poner con una cuchara en el centro de cada cuadrado. Cubrir con los otros cuadrados de pasta y cerrar los bordes, luego tapar con un paño húmedo.

Para preparar la salsa, mezclar las espinacas con un poco de caldo en un robot de cocina hasta obtener una pasta suave. Echar en una cazuela con el resto del caldo y calentar durante 2 min. Añadir el resto de la nata, remover bien, sazonar y apartar la cazuela del fuego.

Calentar los ravioli en el horno a 180 °C (350 °F/Gas 4). Servir regados con la salsa. Son excelentes acompañados de ensalada.
Para 2 personas.

Cada bocado de estos sabrosos paquetitos es una auténtica delicia. Dáselos a alguien que ames de verdad.

Suculentos tropezones marinos
se ocultan entre los hilos
de espagueti en este plato
sensual.

espagueti con tesoros del mar

hebras de azafrán
125 ml (1/2 taza) de vino blanco seco
500 g (1 lb 2 oz) de almejas
100 g (3 1/2 oz) de tubos de calamar pequeños
200 g (7 oz) de espagueti
1-2 dientes de ajo machacados
3 tomates pelados y picados
2 cs de aceite de oliva
2 pulpitos limpios
250 g (9 oz) de gambas crudas, peladas y desvenadas
4-5 vieiras limpias
3 cs de perejil picado
rodajas de limón

Poner a remojo el azafrán en vino. Frotar las almejas. Lavar bien y desechar las que estén rotas o las que estén abiertas y no se cierren al darles un golpecito. Ponerlas en una cazuela grande con 100 ml (3 1/2 fl oz) de agua. Tapar y cocinar a fuego fuerte hasta que se abran, unos 2 min. Desechar las que sigan cerradas. Escurrir y reservar el líquido de cocción. Sacar las almejas de las conchas y reservar.

Extender el calamar, con la piel hacia arriba, y cortar un rombo en la carne, procurando no atravesarla del todo. Cortar en diagonal en tiras de 2 x 4 cm (3/4 x 1 1/2 pulg.).

Cocer la pasta en una cazuela grande con agua hirviendo hasta que esté *al dente*. Escurrir y volver a poner en la cazuela. Mientras tanto, freír brevemente el ajo y el tomate en el aceite, y luego verter el vino infundido y el líquido de cocción de las almejas. Sazonar y cocinar a fuego lento hasta reducir a la mitad. Añadir las vieiras, la carne de las almejas y el perejil, y cocinar hasta que las vieiras se tornen opacas. Mezclar casi todo con los espagueti y luego servir en una bandeja. Coronar con el resto de la salsa y servir con rodajas de limón.

Para 2 personas.

tabla de marisco

Es fácil preparar una tabla de marisco y puede convertirse en un auténtico festín para dos. Lo estupendo de esta tabla es que puedes adquirir todo el marisco cocido en las pescaderías, mercados y en ocasiones en la sección de pescadería de los supermercados de calidad, así que no hay mucho que hacer.

El dulce sabor de la carne de nécoras y bueyes es ideal para la tabla de mariscos. Dependiendo de cuánto se vaya a servir, se puede comprar un cangrejo por persona o compartir uno entre dos. Si preferís un toque extravagante, añadir dos mitades de langosta: la langosta es el último capricho y compartir una langosta entre dos tiene algo de sensual. Consulta la página siguiente para aprender a preparar la langosta y el cangrejo como un auténtico profesional. Si a esto sumamos una docena de gambas o langostinos cocidos y algunas ostras abiertas, obtendremos un delicioso festín. Como toque final, rodearlo con salmón o trucha ahumados.

Aunque el marisco sea el elemento más importante de la tabla, no conviene descuidar la presentación si deseamos causar un gran impacto. Si hace calor, enfriar la tabla o servir el marisco sobre un lecho de hielo picado. Es recomendable disponer de un tenedor largo para extraer la carne de las pinzas de las langostas y cangrejos. Acompañar de limón en abundancia o rodajas de limón y un poco de salsa tártara, y... ¡a disfrutar! Para una noche romántica perfecta, encender unas velas y colocar un par de cuencos pequeños con capullos flotando.

Cangrejos

Al comprar cangrejos cocidos de cualquier tipo (nécoras, bueyes, etcétera), es importante que huelan frescos, que el caparazón esté entero y que las patas estén unidas al cuerpo (las patas tienden a soltarse si se cuecen después de muertos). Para preparar el cangrejo, levantar el pequeño pico de la parte inferior del cangrejo y desprender el caparazón superior. Reservar los órganos internos blandos y sacar las agallas de color grisáceo. Con un cuchillo grande y afilado, cortar el cangrejo en sentido longitudinal por el centro del cuerpo, para formar dos mitades con las patas unidas. Cortar en dos cada mitad del cangrejo en sentido transversal. Extraer la carne con un cuchillo o gancho. Se puede utilizar el mismo aliño que para la langosta o preparar uno más sencillo de salsa de soja mezclada con un poquito de miel.

Langosta

La langosta cocida debería oler dulce y tener un aspecto fresco. Las colas de langosta deberían curvarse ligeramente. La carne de langosta es tan dulce y suculenta que no querrás perderte bocado. Si no sabes cómo preparar una langosta cocida, estudia estos pasos para convertirte en todo un experto. Agarrar la cabeza y el cuerpo con las dos manos, y girarlos con fuerza en sentido contrario para liberar la cola. Con ayuda de las tijeras, cortar ambos lados del caparazón por la cara inferior, introduciendo las tijeras entre la carne y el caparazón blando. Retirar el caparazón blando para llegar a la carne. Sacar la carne con cuidado de una sola pieza. Extraer la carne de las pinzas con un tenedor especial. Quitar la vena, comenzando en el extremo de la cabeza.

Éste es un aliño delicado para langosta que no enmascarará el sabor de la carne. Calentar 1 cs de aceite en una cazuela, añadir 1 cs de miel y 125 ml ($\frac{1}{2}$ taza) de vinagre balsámico. Llevar a ebullición y luego cocinar a fuego lento hasta reducir a la mitad.

Gambas y langostinos

Aunque es posible encontrar gambas y langostinos cocidos, es muy fácil cocerlos y saben mucho mejor. Pelar y desvenar (dejando las colas intactas porque son más bonitas), y luego hacer a la plancha, cocer al vapor, freír o hervir en agua durante unos minutos hasta que se tornen rosados. He aquí una estupenda salsa tailandesa de cilantro ideal para gambas y langostinos cocidos. Mezclar 3 cs de salsa de chile dulce, 2 ct de zumo de lima y 1 cs de cilantro picado en una jarra o cuenco. Servir por encima de las gambas o langostinos ya cocinados.

cangrejos con chile

2 cangrejos vivos de 250 g (9 oz)
2 cs de aceite
1/2 ct de salsa de chile
1 ct de salsa de soja
1 1/2 ct de vinagre de arroz
2 ct de vino de arroz Shaoxing
1/2 ct de sal
1 cs de azúcar
1 cs de caldo de pollo
1/2 ct de jengibre fresco rallado
1 diente de ajo machacado
1 cebolleta picada finamente

Para matar los cangrejos de forma humana, congelarlos 1 h. A continuación, meterlos en una cazuela grande con agua hirviendo durante 1 min. y luego lavarlos en agua fría. Levantar y desechar el caparazón superior, y desechar también el tejido esponjoso de color grisáceo (las agallas) del interior del cangrejo. Lavar los cuerpos y escurrir. Cortar las dos últimas articulaciones velludas de las patas. Cortar cada cangrejo en 4 ó 6 trozos, de manera que cada porción de cuerpo esté unida a una o dos patas. Cascar las pinzas con un cascador o con el dorso de un cuchillo de carnicero.

Calentar un wok a fuego fuerte, añadir un poco de aceite y dejar al fuego hasta que esté bien caliente. Echar la mitad del cangrejo y freír durante unos minutos para hacer bien la carne. Sacar y colar. Repetir con más aceite y el resto del cangrejo.

Mezclar la salsa de chile, la salsa de soja, el vinagre de arroz, el vino de arroz, la sal, el azúcar y el caldo.

Volver a calentar el wok a fuego fuerte, añadir el aceite restante y dejar al fuego hasta que esté bien caliente. Saltear el jengibre, el ajo y la cebolleta 10 seg. Agregar al wok la salsa preparada anteriormente y cocinar brevemente. Añadir los trozos de cangrejo y remover para que se recubran con la salsa. Poner la tapa del wok, cocinar 5 min. y servir. Para 2 personas.

Chuparse los dedos es casi obligatorio para no perderse nada del sabor especiado y salado.

Además de tener un sabor fabuloso, este plato contiene una colorida mezcla de ingredientes que lo hacen realmente atractivo a la vista.

chuletillas con ensalada de remolacha, judías verdes y patatas

1 diente de ajo machacado
1 ct de tomillo picado finamente
3 ct de zumo de limón
2 ct de aceite con aroma a nuez
1 cs de aceite de oliva virgen extra
6 chuletillas de cordero
3 remolachas pequeñas
250 g (9 oz) de patatas kipfler sin pelar
125 g (4 1/2 oz) de judías verdes
1-2 cs de aceite de oliva

Para el aliño:
1 diente de ajo machacado
2 cs de zumo de limón
2 cs de aceite de oliva virgen extra
2 ct de aceite con aroma a nuez
2 cs de nueces picadas

En primer lugar, preparar una marinada con el ajo, el tomillo, el zumo de limón, el aceite con aroma a nuez y el aceite de oliva. Incorporar las chuletillas y recubrirlas con la marinada. Tapar con film transparente y refrigerar durante la noche.

Cocer las remolachas y las patatas en agua hirviendo, sacando las patatas con una espumadera después de 12 min. (deberían estar tiernas) y cociendo las remolachas otros 8 min. antes de escurrirlas. Cuando se hayan enfriado lo suficiente, pelarlas. Cortar cada remolacha en seis cuñas y las patatas en tiras.

Cocer las judías en agua hirviendo ligeramente salada durante 4 min. Escurrir, refrescar bajo un chorro de agua fría y volver a escurrir. Secar dando golpecitos con papel de cocina.

Calentar el aceite a fuego fuerte en una sartén grande y freír las chuletillas durante un par de min. por cada lado o hasta que estén hechas al gusto.

Mezclar el ajo, el zumo de limón y los aceites en un cuenco. Añadir las patatas, las judías y las nueces y remover suavemente. Sazonar y poner por encima de la remolacha. Coronar con las chuletillas y servir.

Para 2 personas.

bistec de ternera con mermelada de cebolla

125 ml (1/2 taza) de oporto
1 1/2 cs de vinagre balsámico
1 diente de ajo machacado
2 filetes de lomo de ternera
1 cs de aceite de oliva

Para la mermelada de cebolla:
1 1/2 cs de aceite de oliva
250 g (9 oz) de cebollas en rodajas finas
2 cs de azúcar moreno
2 cs de vinagre de vino tinto

Preparar una marinada con el oporto, el vinagre y el ajo. Lo mejor es ponerla en un cuenco que no sea de metal en el que quepa la carne. Incorporar la carne y recubrir con la marinada. Cubrir con film transparente y refrigerar durante un mínimo de 2 h. para que absorba todo el sabor. Escurrir y reservar la marinada.

Para preparar la mermelada, calentar el aceite en una sartén antiadherente grande, añadir la cebolla y el azúcar y cocinar a fuego medio hasta que caramelice. Esto puede llevar más de 1/2 h. Agregar el vinagre de vino tinto, llevar a ebullición y cocinar hasta que se vuelva espeso y pegajoso, unos 10 min. Apartar del fuego y matener caliente.

Calentar el aceite en una sartén grande, echar los filetes y freír a fuego fuerte de 3 a 5 min. por cada lado o hasta que estén hechos al gusto. Sacar de la sartén y mantener calientes. Verter la marinada reservada en la sartén y hervir hasta que se reduzca a la mitad. Regar los platos con un poquito de salsa, colocar un filete en cada plato y cubrir con una porción generosa de mermelada de cebolla y unas cuantas judías verdes al vapor o puré de patatas cremoso.

Para 2 personas.

Para los amantes de la carne que esperan lo mejor de los sabores tradicionales… pero con un toque decididamente moderno.

Cuando se cocina con vino, merece la pena utilizar uno decente, aunque sólo sea por el gusto de servirse una copita mientras se prepara la comida: una para ti, una para la ternera...

ternera con salsa de vino tinto

2 cs de aceite de oliva virgen
2 dientes de ajo machacados
400 g (14 oz) de lomo de ternera
300 g (10½ oz) de alubias cannellíni enlatadas, lavadas y escurridas
375 ml (1½ tazas) de caldo de ternera
170 ml (1½ tazas) de vino tinto
2 cs de concentrado de tomate
1 cs de azúcar moreno

Preparar una marinada con el aceite y uno de los dientes de ajo machacado. Marinar la carne durante 30 min.

Picar las alubias y el ajo restante en un robot de cocina hasta obtener una pasta suave. Con el motor en marcha, añadir 1½ cs de caldo y mezclar. Sazonar.

Calentar una sartén grande y honda a fuego medio, echar la ternera y, untándola con la marinada, freír durante 5 min. o hasta que esté bien dorada. Pasar a una fuente para asados y asar durante 15-20 min. a 200 °C (400 °C/Gas 6) o hasta que esté hecha al gusto. Tapar y dejar reposar durante 15 min. Mientras se asa la carne, echar el vino en la sartén y remover, rascando bien el fondo. Añadir el concentrado de tomate, el azúcar y el resto del caldo, reducir el fuego y cocinar a fuego lento hasta que la salsa se reduzca a la mitad, unos 30 min. Templar el puré de alubias y poner un montoncito en cada plato. Colocar las lonchas de ternera por encima y regar con la salsa de vino tinto. Resulta excelente acompañado de judías verdes al vapor.

Para 2 personas.

chuletillas de cordero con crema de espinacas

4 chuletillas de cordero
1 cs de aceite de oliva
15 g (1/2 oz) de mantequilla
1 diente de ajo machacado
2 cebolletas cortadas en tiras
200 g (7 oz) de hojas de espinacas
baby troceadas
2 ct de albahaca picada
1 1/2 cs de nata
1 cs de mostaza con granos
2 tomates cortados a la mitad
y asados

Eliminar la grasa y los nervios de las chuletillas y recubrir cada una con un poquito de pimienta negra recién molida.

Calentar el aceite en una sartén y freír las chuletillas a fuego fuerte durante 3 min. por cada lado o hasta que estén hechas al gusto. Sacar de la sartén y mantener calientes.

Fundir la mantequilla en la sartén y añadir el ajo, las cebolletas y las espinacas. Cocinar hasta que la cebolleta esté blanda y las espinacas se vuelvan lacias. Agregar la albahaca, la nata y la mostaza. Cocinar hasta que esté bien caliente y se obtenga un cremoso puré.

Hacer un lecho de crema de espinacas en cada plato y poner encima las chuletillas. Servir con guarnición de tomates asados templados.

Para 2 personas.

Al igual que el puré de patata, la crema de espinacas es una delicia reconfortante para esos momentos en que necesitamos un poco de ternura.

Cuando encuentres una carnicería que te guste, merece la pena mantener una buena relación, sobre todo si vende ternera de calidad para ocasiones especiales.

escalopines de ternera con salsa de vino blanco

15 g (½ oz) de mantequilla
1-2 cs de vino blanco o marsala seco (no dulce)
2-3 cs de nata doble
2 ct de mostaza con granos
1 cs de perejil de hoja plana (italiano) picado

Extender los escalopes entre dos láminas de film transparente y darles golpes con el dorso de la mano para aplanarlos un poco. También se puede utilizar un rodillo, pero sin aplicar demasiada fuerza, ya que podría rasgarse la carne.

Freír los escalopines en la mantequilla (dependiendo de lo grandes que sean, tal vez sea necesario freírlos por separado) durante 1 min. por cada lado o hasta que estén hechos. Sacar de la sartén y mantener calientes.

Incorporar el vino, llevar a ebullición y cocer a fuego lento hasta reducirlo a la mitad; después, agregar la nata, llevar a ebullición y reducir de nuevo a la mitad. Añadir la mostaza y 2 ct de perejil, y remover hasta obtener una salsa cremosa. Volver a poner la ternera en la sartén para que se caliente y se recubra con la salsa. Servir los escalopes con un poquito de salsa y espolvorear con el perejil restante. Resulta excelente con patatitas hervidas y ensalada verde.

Para 2 personas.

colas de langosta a la parrilla

70 g (2¹/2 oz) de mantequilla
1¹/2 cs de zumo de limón
1 cs de perejil de hoja plana
(italiano) picado
1 diente de ajo machacado
4 colas de langosta con caparazón
1 limón cortado en rodajas

Calentar la mantequilla en una cazuela pequeña a fuego medio durante 3 min. hasta que comience a oscurecerse, vigilando para que no se queme. Reducir el fuego y seguir cocinando hasta que adquiera un tono marrón dorado oscuro. Apartar la cazuela del fuego, añadir el zumo de limón, el perejil, el ajo y salpimentar.

Cortar las colas de langosta en sentido longitudinal y extraer el tracto digestivo, pero dejando la carne en el caparazón. Untar la carne con abundante mantequilla al limón. Hacer las colas de langosta, con el lado cortado hacia abajo, sobre una parrilla o plancha durante 6 min., y luego darles la vuelta y asarlas hasta que los caparazones se tornen rojizos, aproximadamente unos 4 min. Mientras se hace la langosta, asar las rodajas de limón en la parrilla hasta que estén bien calientes: apenas 1 min. Colocar la langosta en los platos y servir con las rodajas de limón asadas y el resto de la mantequilla como salsa para untar. Resulta excelente con ensalada verde y pan crujiente para mojar en los deliciosos jugos.

Para 2 personas.

Ir a un restaurante y pedir langosta era hasta hace poco la culminación de una gran experiencia culinaria. Ahora prueba la mágica decadencia de degustarla en tu propia casa.

La fruta combina a las mil maravillas con toda clase de carne de caza, y el pato no es una excepción. Estas pechugas son sabrosas sin resultar demasiado grasas.

pechugas de pato con Cassis y frambuesas

2 pechugas de pato de 200 g (7 oz)
1 ct de sal marina
1 ct de canela molida
2 ct de azúcar demerara
125 ml (1/2 taza) de vino tinto
4 cs de *crème de Cassis*
2 ct de harina de maíz o arrurruz
125 g de frambuesas

Dar cortes en las pechugas atravesando la piel y la grasa pero sin atravesar por completo la carne. Freír las pechugas de pato, con la piel hacia abajo, hasta que la piel se dore y salga la grasa. Sacarlas de la sartén y escurrir toda la grasa.

Mezclar la sal marina, la canela y el azúcar, y untar con ello el pato. Echar pimienta. Volver a calentar la sartén y freír las pechugas, con la piel hacia arriba, durante 10-15 min. Sacar de la sartén y dejar reposar.

Mientras tanto, mezclar el vino y el Cassis en una jarra. Poner 2 ó 3 cs del líquido en un cuenco pequeño, disolver la harina de maíz y verter de nuevo en la jarra.

Eliminar el exceso de grasa de la sartén, dejando aproximadamente 1 cs. Volver a poner la sartén en el fuego y echar en ella el vino y la *crème de Cassis*. Cocinar a fuego lento, removiendo constantemente, hasta que la salsa espese. Añadir las frambuesas y rehogar otro minuto para que los frutos se calienten bien.

Para conseguir que la piel esté bien crujiente y sabrosa, poner brevemente el pato al grill, con la piel hacia arriba. Cortar las pechugas en lonchas finas, verter un poco de salsa por encima y servir el resto en una salsera.

Para 2 personas.

Esta elegante versión de las fresas con nata es fácil de preparar y estupenda para compartir.

romanoff de fresas

250 g de fresas, 2 fresas enteras
y el resto troceadas
1 1/2 cs de azúcar extrafino
2 cs de licor como Cointreau o kirsch
150 ml (5 fl oz) de nata doble

Poner las fresas troceadas en un cuenco con el azúcar extrafino y el licor. Tapar y refrigerar durante la noche para que las fresas se "emborrachen".
Batir la nata y añadir la mitad de las fresas. Poner el resto de las fresas en la base de dos vasos de whisky, repartir la mezcla de nata y fresas entre los vasos y decorar con una fresa entera.
Para 2 personas.

Un postre para románticos de verdad: la forma de corazón lo dice todo.

coeur à la crème

85 g (3 oz) de requesón escurrido
1 cs de azúcar glas
100 ml (3½ fl oz) de nata montada
frutas del bosque

Procesar el requesón en una batidora o robot de cocina hasta obtener una mezcla suave y cremosa. Añadir el azúcar glas y luego incorporar la nata para aligerar la textura. Forrar dos moldes para *coeur à la crème* (se trata de moldes especiales con forma de corazón con agujeros en la parte inferior) con una gasa y rellenar con la masa cremosa. Tapar y dejar que "escurran" durante la noche. Desmoldar los corazones y servir con frutas del bosque frescas.
Para 2 personas.

higos caramelizados con mascarpone al amaretto

3 cs de azúcar extrafino
2 cs de nata
1/2 ct de esencia de vainilla
4 cs de mascarpone
2 cs de amaretto
1 cs de azúcar extrafino adicional
2 cs de almendras blanqueadas
picadas finamente
1/4 ct de canela molida
4 higos frescos cortados a la mitad

Preparar un almíbar de azúcar extrafino y
3 cs de agua removiendo a fuego lento
hasta que el azúcar se disuelva. Si aparecen
cristales, untar las paredes de la cazuela con
una brocha limpia mojada en agua. Llevar a
ebullición y cocinar, moviendo la cazuela de
vez en cuando (pero no removiendo) hasta
que la mezcla se dore, aproximadamente
8 min. Apartar la cazuela del fuego
rápidamente y agregar la nata y la vainilla,
removiendo constantemente hasta obtener
una salsa suave.

Para preparar el mascarpone al amaretto,
mezclar el mascarpone, el amaretto y 2 ct de
azúcar extrafino.

Mezclar en un plato las almendras picadas, la
canela y el azúcar extrafino restante.
Presionar el lado cortado de cada mitad
de higo en la mezcla de almendra y luego
colocar, con el lado cortado hacia arriba, en
una bandeja para horno forrada con papel
de aluminio. Poner al grill hasta que el azúcar
haya caramelizado y las almendras estén bien
tostadas; vigilar atentamente para que no se
quemen.

Colocar cuatro mitades de higo en cada plato,
servir 1 cs de mascarpone al amaretto a un
lado y regar con la salsa.

Para 2 personas.

Higos dulces y calientes regados con mascarpone fresco y cremoso… Una pura delicia.

Con una flor en el centro de cada gelatina, este postre es igual de hermoso que de apetitoso. Y, ¿quién puede resistirse a una dosis de espumoso?

gelatinas de arándanos y champán

200 ml (7 fl oz) de champán
1 1/2 ct de gelatina
2 cs de azúcar extrafino
2 pensamientos o violetas
25 g (1 oz) de arándanos pequeños

Verter el champán en una cazuela con la gelatina y el azúcar, y remover a fuego lento hasta que se disuelva la gelatina. Cocer a fuego lento durante un par de minutos, apartar la cazuela del fuego y dejar enfriar un poco.

Engrasar dos moldes dariole de 125 ml (1/2 taza). Depositar un pensamiento o una violeta en el centro de cada base: colocar las flores boca abajo. Verter sobre las flores suficiente cantidad del líquido achampañado para cubrirlas. Refrigerar hasta que cuaje, manteniendo el resto del líquido a temperatura ambiente a fin de que no cuaje. Repartir los arándanos entre los moldes y verter encima el líquido achampañado restante. Una vez más, refrigerar para que cuaje.

Para servir, liberar las gelatinas de los moldes con los dedos. Si tienes problemas para sacarlas, frotar el exterior de los moldes con un trapo caliente para derretir ligeramente la gelatina: deberían salir con facilidad. Para 2 personas.

trufas de chocolate

300 g (10½ oz) de chocolate negro de calidad troceado finamente (la calidad del chocolate realzará o arruinará esta receta; así pues, adquiere el mejor que encuentres)
100 ml (3½ fl oz) de nata doble
1 ct de esencia de vainilla
cacao en polvo de calidad (de nuevo, utiliza el mejor)

Lo primero es preparar el ganache. Poner el chocolate troceado en un cuenco. Poner la nata y la vainilla en una cazuela pequeña y calentar hasta que esté a punto de hervir. Verter la nata caliente por encima del chocolate. Mezclar con una varilla hasta que la mezcla esté suave y brillante. Si quedan grumos, será necesario colocar el cuenco sobre una cazuela con agua hirviendo, apartado del fuego, y remover suavemente durante un momento para fundir el chocolate restante: el truco consiste en no dejar que la masa de chocolate se caliente demasiado. Refrigerar hasta que se endurezca.

Formar bolitas con el ganache. Se puede utilizar un instrumento para hacer bolas de melón o amasar las bolas con las manos. Una vez formadas las bolas, meterlas de nuevo en el frigorífico para que se endurezcan. Cuando estén duras, rebozarlas en cacao. Sin embargo, si las bolas tienen una bonita forma circular, merece la pena perfeccionarlas haciéndolas rodar entre las palmas de las manos antes de rebozarlas en cacao.

Ahora se deben dejar reposar durante 1 h. en un lugar fresco. Si se han preparado con antelación, se pueden guardar en el frigorífico. Probablemente deberán rebozarse de nuevo en cacao antes de servirlas.

Se obtienen aproximadamente 25.

Una o dos trufas caseras constituyen el broche de oro a una cena memorable. Emplea únicamente el chocolate negro de mejor calidad.

Helado, panna cotta, tiramisú… Los Italianos son auténticos maestros en el arte de preparar postres fríos. Este zabaglione no es la excepción.

zabaglione helado con salsa de Marsala

2 yemas de huevo
1/2 ct de esencia de vainilla
4 cs de Marsala dulce
2 cs de azúcar extrafino
4 cs de nata montada
2 cs de almendras enteras blanqueadas, tostadas y troceadas

Poner las yemas de huevo, la vainilla, casi todo el Marsala y la mitad del azúcar en un cuenco que no sea de metal y batir bien.

Colocar el cuenco en una cazuela llena de agua hirviendo hasta un tercio de su capacidad, procurando que la base del cuenco no toque el agua. Batir vigorosamente durante 5 min. o hasta que se vuelva espumosa y espese tanto que las gotas que caen de la varilla dejen rastro.

Apartar la cazuela del fuego y poner en un cuenco con hielo, batiendo hasta que se enfríe. Retirar del hielo e incorporar la nata montada y las almendras. Verter con sumo cuidado en dos moldes dariole de 125 ml (1/2 taza) o ramekines, cubrir con film transparente y congelar hasta que se torne firme. Este proceso no es rápido: tardará más de 6 h.

Mezclar el Marsala y el azúcar restantes en una cazuela pequeña y remover a fuego lento hasta que se disuelva el azúcar. Llevar a ebullición y luego reducir el fuego y cocer a fuego lento hasta que obtener una especie de almíbar, aproximadamente 5 min. Apartar del fuego.

Meter un instante los moldes en agua templada y luego deslizar un cuchillo por el borde. Desmoldar sobre un plato y regar con el almíbar.

Para 2 personas.

macedonia tropical

500 g (1 lb 2 oz) de sandía cortada
en trozos grandes
la mitad de una piña pelada y troceada
1 mango cortado en rodajas
la mitad de una guava cortada en rodajas
la mitad de una papaya cortada
en trozos grandes
6 litchis pelados
1 kiwi cortado en rodajas

Para el almíbar:
1½ cs de zumo de lima
4 cs de azúcar de palma rallado
o azúcar moreno
3 estrellas de anís (las semillas están
dentro de las vainas de la estrella)
1 vaina de vainilla partida a la mitad
1 hoja de pandanus
la corteza de media lima

Lo primero es mezclar toda la fruta cortada y troceada en un cuenco. La fruta se servirá en este mismo cuenco, así que conviene escoger uno que sea bonito.

A continuación, el almíbar. Poner el zumo de lima, el azúcar de palma, el anís estrellado, la vaina de vainilla, la hoja de pandanus, la ralladura de lima y 125 ml (½ taza) de agua en una cazuela y remover a fuego lento hasta que se disuelva el azúcar. Cuando esto ocurra, llevar a ebullición, reducir el fuego y cocer a fuego lento hasta que el sirope se reduzca a la mitad, unos 10 min. como máximo. Dejar enfriar ligeramente.

Verter el almíbar tropical por encima de la fruta y refrigerar el cuenco en el frigorífico hasta que esté bien frío.

Para 2 personas.

Si te aburren las manzanas, plátanos y naranjas, prueba esta atractiva combinación de frutas exóticas.

Los dos ingredientes claves –sandía y vodka– se combinan en este granizado delicioso y refrescante "sólo para adultos". Servir con estilo en vasos bajos.

granizado de vodka

500 g (1 lb 2 oz) de sandía para obtener,
una vez quitada la corteza,
300 g (10½ oz) de pulpa
1 ct de zumo de lima
1½ cs de azúcar extrafino
1½ cs de vodka con sabor a limón

Trocear la sandía a fin de eliminar el mayor número posible de pepitas. Poner la pulpa en un robot de cocina y añadir el zumo de lima y el azúcar. Procesar hasta que esté suave y luego pasar por un colador fino. Agregar el vodka y probar un poco; dependiendo de lo dulce que sea la sandía, tal vez haya que añadir un poco más de azúcar.

Verter en un molde metálico poco hondo de 750 ml (3 tazas) y congelar hasta que comience a endurecerse por los bordes, aproximadamente 30 min. A continuación, rascar las partes congeladas, volver a mezclar con un tenedor y congelar de nuevo. Repetir esta operación cada 30 min. durante 4 h. o hasta que se formen cristales de hielo.

Servir inmediatamente o batir con un tenedor justo antes de servir.

Para 2 personas.

camembert con pasas borrachas al Oporto

2 cs de uvas pasas
2 cs de Oporto
375 g (13 oz) de queso Camembert
redondo entero
aceite en espray
biscotti de almendras

Para conseguir unas pasas gorditas, jugosas y borrachas de oporto, poner las pasas y el oporto en una cazuela pequeña. Llevar a ebullición y dejar enfriar durante 1 h.

Cortar una tapa circular de la parte superior del Camembert, dejando un borde de 2 cm (3/4 pulg.). Retirar la tapa con cuidado y extraer el queso blando con una cuchara, dejando la base intacta. Meter las pasas en el agujero y cubrir con el queso, apretando al máximo para que quepa la mayor cantidad posible; después, volver a poner la tapa. Rociar con aceite una doble capa de papel de aluminio y envolver con ello el Camembert formando un paquete sellado. Hornear el paquete a 200 °C (400 °F/Gas 6) durante 15-20 min., cuando el queso debería estar blando, untuoso y templado. Utilizar biscotti de almendras a modo de cuchara.

Para 2-4 personas.

El Camembert fundido es un puro capricho. Prepárate para una delicia caliente, untuosa y aromática: perfecta al acabar el día con una copa de Oporto.

picante
comidas que muerden

Un Bloody Mary es refrescante y vigorizante: la bebida perfecta para "la mañana después".

bloody mary

3 cubitos de hielo
45 ml (1½ fl oz) de vodka
4 gotas de salsa Tabasco
1 ct de salsa Worcestershire
10 ml (¼ fl oz) de zumo de limón
60 ml (2 fl oz) de zumo de tomate frío
1 tallo de apio

Poner los cubitos de hielo en un vaso medio o alto, verter el vodka y luego añadir el Tabasco, la salsa Worcestershire y el zumo de limón. Añadir una pizca de sal y otra de pimienta negra recién molida, agregar el zumo de tomate y remover bien. Dejar reposar durante 1 min. y decorar con el apio. Para 1 persona.

Un combinado perfecto para esos días en que necesitas algo sin alcohol pero con gancho.

virgin mary

una rodaja de limón
2 ct de sal de apio
1 ct de pimienta negra
cubitos de hielo
125 ml (4 fl oz) de zumo de tomate frío
15 ml (1/2 fl oz) de zumo de limón
1 ct de salsa Worcestershire
un chorrito de salsa Tabasco
un tallo de apio

Deslizar la rodaja de limón por el borde de una copa goblet y luego untar el borde en un platito en el que previamente se ha echado sal de apio y pimienta. El resultado debería ser un borde recubierto de costra.
Llenar de hielo hasta la mitad una coctelera. Verter el zumo de tomate, el zumo de limón, la salsa Worcestershire y el Tabasco, y agitar bien. Colar en la copa y decorar con el apio. Para 1 persona.

Aunque es posible adquirir
muchas pastas de curry
y marinadas preparadas,
su sabor tiene poco que ver
con el de las hechas en casa.

tikka de pollo

Para la marinada:

2 cs de páprika
1 ct de chile en polvo
2 cs de garam masala
1/4 ct de colorante alimentario
tandoori (opcional)
1 1/2 cs de zumo de limón
4 dientes de ajo picados
1 trozo de jengibre fresco de 5 cm
(2 pulg.), troceado
3 cs de hojas de cilantro picadas
100 ml (3 1/2 fl oz) de yogur natural

500 g (1 lb 2 oz) de filetes de pechuga
de pollo deshuesada, cortados en dados
de 2,5 cm (1 pulg.)
rodajas de limón

La base de un buen tikka de pollo es la marinada. Es sencilla de preparar, pero está llena de sabor. Procesar todos los ingredientes en un robot de cocina hasta obtener una mezcla suave y cremosa. Otra forma de conseguirlo es picar más fino el ajo, el jengibre y las hojas de cilantro, mezclar con el resto de los ingredientes de la marinada y luego sazonar.

Poner en un cuenco los dados de pollo con la marinada y mezclar. Tapar y marinar durante la noche en el frigorífico para que el pollo absorba el mayor sabor posible.

Ensartar los trozos de pollo en cuatro pinchos de metal y ponerlos sobre una rejilla metálica colocada por encima de una bandeja de horno. Asar a 200 °C (400 °F/Gas 6) hasta que el pollo esté bien hecho y dorado en los bordes, aproximadamente 20 min. Servir con rodajas de limón que luego se exprimirán por encima del pollo.

Para 4 personas como aperitivo.

pastelitos tailandeses de pescado con salsa de chile dulce

Para la salsa de untar de pepino:
1 pepino libanés (corto), sin semillas
y cortado en dados
2 chiles rojos pequeños picados finamente
4 cs de azúcar de palma
o azúcar moreno
6 cs de vinagre de arroz
1 cs de hojas de cilantro picadas

500 g (1 lb 2 oz) de filetes
de gallineta sin piel
200 g (7 oz) de langostinos
crudos pelados y desvenados
3 cs de pasta tailandesa
de curry rojo
50 g (1³/4 oz) de judías verdes largas
4 hojas de lima kaffir cortadas en tiras
6 hojas de albahaca normal
o tailandesa cortadas en tiras
aceite para freír

Comenzar con la salsa para untar porque, una vez preparada, se puede dejar reposar para pasar a preparar los pastelitos de pescado. Mezclar el pepino, los chiles, el azúcar, el vinagre de vino, el cilantro y 1 cs de agua en un cuenco y remover bien hasta que se disuelva el azúcar.

Y ahora los pastelitos. Poner el pescado, los langostinos y la pasta de curry en un robot de cocina y procesar hasta obtener una pasta suave y espesa. Poner en un cuenco y mezclar con las judías, las hojas de lima y la albahaca con las manos. Formar bolitas (1 cs por bolita queda bien) y luego aplastarlas con la palma de la mano. Tapar y refrigerar durante 1 h. Freír los pastelitos de pescado por tandas hasta que estén dorados y bien hechos, aproximadamente 2 min. Escurrir sobre papel de cocina y servir con la salsa para untar de pepino.

Para 4-6 personas como aperitivo.

Llamadas *tod man pla* en Tailandia, estas hamburguesas de pescado se consumen como aperitivos picantes con salsa de chile dulce.

Las costillas constituyen un gran bocado para comer con las manos en una reunión informal de amigos. Conviene disponer de servilletas en abundancia ya que las cosas se pueden poner bastante feas.

costillas de cerdo con chile a la barbacoa

1 kg (2 lb 4 oz) de costillas de cerdo
125 g (4 1/2 oz) de concentrado
de tomate enlatado
2 cs de miel
2 cs de salsa de chile
2 cs de salsa hoisin
2 cs de zumo de lima
2 dientes de ajo machacados
1 cs de aceite

Cortar cada costilla en tres y extender en una sola capa en una bandeja poco honda que no sea de metal.

Mezclar el resto de los ingredientes, a excepción del aceite, y verter por encima de la carne. Remover bien para que la marinada recubra todos los trozos de carne. Cubrir con film transparente y refrigerar durante la noche, dándoles la vuelta de vez en cuando. Precalentar una parrilla o plancha y untarla de aceite. Escurrir las costillas, reservando la marinada, y asarlas a fuego medio, untándolas con la marinada y dándoles la vuelta de vez en cuando hasta que estén tiernas y doradas, aproximadamente 15 min. Sazonar y servir calientes con ensalada verde y un montón de servilletas para las manos pegajosas.

Para 4-6 personas como aperitivo.

gyoza

150 g (5¹/₂ oz) de col china rallada finamente
225 g (8 oz) de carne de cerdo picada
2 dientes de ajo picados finamente
2 cs de jengibre fresco picado finamente
2 cebolletas picadas finamente
2 cs de harina de maíz
1 cs de salsa de soja ligera
2 ct de vino de arroz chino
2 cs de aceite de sésamo
40 obleas redondas Shanghai (hechas con harina y agua)
2 cs de aceite vegetal
125 ml (¹/₂ taza) de caldo de pollo
salsa de soja o vinagre negro chino

Poner la col en un colador y sazonar con ¹/₂ ct de sal. Dejar que resude durante 30 min., removiendo de vez en cuando. Poner la carne de cerdo picada, el ajo, el jengibre, las cebolletas, la harina de maíz, la salsa de soja, el vino de arroz y el aceite de sésamo en un cuenco y mezclarlo todo, preferiblemente con las manos. Poner la col bajo un chorro de agua fría. Secar con papel de cocina y añadir a la carne. Preparar las obleas. Rellenar cada una con 1 ct de la mezcla de cerdo y luego untar los bordes con un poco de agua. Doblar a la mitad para formar un semicírculo. Con ayuda de los dedos pulgar e índice, crear un pliegue, presionando firmemente al hacerlo y apretando los gyoza sobre la superficie de trabajo para crear una base plana.

Cocinar los gyoza por tandas (probablemente saldrán cuatro tandas) durante 2 min. con el lado plano hacia abajo. Cuando estén todos hechos, volver a poner en la cazuela (de nuevo por tandas), esta vez añadiendo algo de caldo y moviendo la cazuela para evitar que se peguen. Tapar y cocinar hasta que se evapore el líquido, aproximadamente 4 min. Servir con salsa de soja o vinagre negro chino. Para 6-8 personas como aperitivo.

Los gyoza, unos "saquitos" chinos que se han hecho muy populares en Japón, también pueden rellenarse con carne picada de pollo o ternera, o incluso marisco.

Para un toque picante y festivo, marinar el pollo durante la noche para que la carne absorba todo el sabor posible.

pollo portugués con especias

1 cebolla roja pequeña picada
4 dientes de ajo picados
2 ct de ralladura de limón
1½ ct de copos de chile
1 ct de páprika ahumada
2 cs de aceite
2 cs de vinagre de vino tinto
1,5 kg (3 lb 5 oz) de pollo entero
4 cs de perejil picado
rodajas de limón, para servir

Poner la cebolla, el ajo, la ralladura de limón, los copos de chile, la páprika, el aceite y el vinagre en un robot de cocina y procesar hasta obtener una pasta suave.

El pollo debe abrirse y aplanarse. Cortar el pollo por la columna y presionar sobre el esternón hasta aplanarlo. Dar cortes en la carne con un cuchillo afilado (para que absorba bien la marinada) y untar todo el pollo con la mezcla de especias. Tapar y refrigerar durante la noche.

Poner el pollo aplanado, con la piel hacia arriba, al grill y dorar ligeramente, aproximadamente 10 min. Pasar a una fuente para asados y asar durante 35-40 min. a 200 °C (400 °F/Gas 6).

Espolvorear el pollo con el perejil y regar con el jugo de la fuente. Servir con rodajas de limón y ensalada verde.

Para 4 personas.

sopa de fideos con pollo

1 l (4 tazas) de caldo de pollo
1 estrella de anís
4 rodajas muy finas de jengibre fresco
400 g (14 oz) de filetes de pechuga de pollo
375 g (13 oz) de fideos Shanghai
1 cs de vino de arroz chino
1 cs de jengibre fresco en juliana
1½ cs de salsa de soja ligera
½ ct de azúcar
150 g (5½ oz) de espárragos frescos
cortados en trozos de 3 cm (1²/4 pulg.)
4 cebolletas (la parte blanca
y algo de la verde)
50 g (1¾ oz) de berros, sin tallos
¼ ct de aceite de sésamo
salsa de soja ligera, adicional, para servir

Verter el caldo y 500 ml (2 tazas) de agua en una cazuela grande y llevar a ebullición. Reducir el fuego y añadir la estrella de anís, las rodajas de jengibre y el pollo; cocinar a fuego lento hasta que el pollo esté bien hecho, aproximadamente 15 min. Sacar el pollo del caldo con una espumadera y dejar enfriar. Desechar la estrella de anís y el jengibre, dejando el caldo en la cazuela. Mientras tanto, llevar a ebullición 2 l de agua (8 tazas) en una cazuela grande y cocer los fideos durante 5 min. Escurrir y refrescar bajo un chorro de agua fría.

Cortar el pollo en lonchas finas. Llevar el caldo de nuevo a ebullición y luego añadir el vino de arroz, el jengibre cortado en juliana, la salsa de soja, el azúcar, los espárragos y ½ ct de sal; remover bien. Reducir el fuego, añadir los fideos y rehogar durante 2 min. Volver a poner el pollo en la cazuela para que se caliente bien.

Sacar los fideos de la sopa con unas pinzas largas y repartirlos entre seis cuencos. Servir con una cuchara el pollo, los espárragos, las cebolletas y los berros en los cuencos, y echar el caldo por encima. Regar con salsa de sésamo y servir con salsa de soja adicional, si se desea.

Para 6 personas.

La sopa de pollo con fideos
es famosa por sus propiedades
reconstituyentes mágicas,
y esta versión posee un toque
de pura satisfacción.

Un plato que apasionará a los niños e incluso a aquellos adultos que fingen haber superado la edad de la mantequilla de cacahuete. Es raro que queden sobras de satay.

satay de ternera

2 dientes de ajo pequeños machacados
3 ct de jengibre fresco rallado
1 cs de salsa de pescado
700 g (1 lb 9 oz) de cadera cortada
en dados de 2,5 cm (1 pulg.)
2 chiles rojos pequeños sin semillas
y cortados en juliana

Para la salsa satay:
8 chalotas asiáticas rojas picadas finamente
8 dientes de ajo machacados
4 chiles rojos pequeños picados finamente
1 cs de jengibre fresco
picado finamente
1 cs de aceite de oliva
250 g (1 taza) de mantequilla
de cacahuetes con cachitos
400 ml (14 fl oz) de leche de coco
1 cs de salsa de soja
4 cs de azúcar de palma
o azúcar moreno
3 cs de salsa de pescado
1 hoja de lima kaffir
4 cs de zumo de limón

En primer lugar, preparar la marinada para la ternera. Mezclar el ajo, el jengibre y la salsa de pescado, y untar con ello la ternera. Marinar, bien tapado, en el frigorífico durante 3 h. o más tiempo. Al mismo tiempo, sumergir ocho pinchos de madera en agua fría durante 1 h. para que no se quemen. (Evidentemente, si se usan pinchos metálicos, se puede obviar este paso.)

Para preparar la salsa satay, rehogar las chalotas, el ajo, los chiles y el jengibre en el aceite hasta que las chalotas se doren, removiendo con frecuencia. Reducir el fuego y añadir la mantequilla de cacahuete, la leche de coco, la salsa de soja, el azúcar de palma, la salsa de pescado, la hoja de lima y el zumo de lima. Cocinar a fuego lento hasta obtener una salsa espesa, aproximadamente 10 min. Sacar la hoja de lima.

Ensartar la ternera en los pinchos y asar en una parrilla o plancha a fuego fuerte hasta que la carne esté bien hecha, dándole vuelta a media cocción. Acompañar con 1 cs de salsa satay y decorar con los chiles en juliana. Servir con un montón de arroz vaporizado.

Para 4 personas.

laksa de pollo

2-3 cs de pasta de gambas
1½ ct de cilantro molido
1 cs de cúrcuma molida
1 cebolla troceada
1 cs de jengibre fresco picado grueso
3 dientes de ajo pelados
3 tallos de hierba de limón (sólo la parte blanca), cortada en rodajas
6 nueces de macadamia
4-6 chiles rojos pequeños
1 l (4 tazas) de caldo de pollo
3 cs de aceite
400 g (14 oz) de filetes de muslo de pollo cortados en trozos de 2 cm (¾ pulg.)
750 ml (3 tazas) de leche de coco
4 hojas de lima kaffir
2½ cs de zumo de lima
2 cs de salsa de pescado
2 cs de azúcar de palma o azúcar moreno
250 g (9 oz) de arroz vermicelli seco
90 g (3¼ oz) brotes de judía
4 porciones de tofu frito cortadas en juliana
3 cs de menta vietnamita picada grueso
20 g (⅔ taza) de hojas de cilantro
rodajas de lima

La pasta de gambas debe tostarse: envolver en papel de aluminio y poner al grill durante 1 min. Procesar en un robot de cocina junto con la cebolla, el jengibre, el ajo, la hierba de limón, las nueces de macadamia, los chiles y 125 ml (½ taza) de caldo hasta obtener una pasta. Calentar el aceite en un wok o sartén grande a fuego lento y cocinar la pasta durante unos 4 min., removiendo constantemente para que no se queme ni se pegue al fondo. Verter el caldo restante y llevar a ebullición a fuego fuerte. Reducir el fuego y rehogar hasta que espese ligeramente, aproximadamente durante 15 min. Añadir el pollo y cocinar a fuego lento hasta que esté bien hecho, unos 4 ó 5 min.

Agregar la leche de coco, las hojas de lima, el zumo de lima, la salsa de pescado y el azúcar de palma, y rehogar durante otros 5 min., sin dejar que rompa a hervir.

Mientras tanto, poner el vermicelli en un cuenco refractario, cubrir con agua hirviendo y dejar en remojo hasta que se ablande, aproximadamente 6 min. Escurrir y repartir el vermicelli y los brotes de judías entre los cuencos. Servir la sopa con un cucharón por encima y decorar con unas tiras de tofu, menta y cilantro. Servir con una rodaja de limón.

Para 4-6 personas.

Si la gran cantidad de ingredientes de la cocina tailandesa te resulta abrumadora, duplica o triplica las cantidades de la pasta laksa y consérvala en un tarro en el frigorífico para otra ocasión especiada.

Los chiles secos aportan
un sabor suave y ahumado
imposible de conseguir
utilizando la versión fresca.

penne arrabbiata

2 cs de aceite de oliva
2 dientes de ajo grandes
en láminas finas
1-2 chiles secos
800 g (1 lb 12 oz) de tomates enlatados
400 g (14 oz) de penne rigate
o rigatoni
1 ramita de albahaca partida
en trozos

Calentar el aceite de oliva en una cazuela y
añadir el ajo y los chiles. Rehogar lentamente
el ajo hasta que comience a dorarse. Dar
vuelta a los chiles para que los dos lados
infundan al aceite de su sabor a frutos secos.
Añadir los tomates y sazonar. Rehogar,
desmenuzando los tomates con una cuchara
de madera, durante 1/2 h. o hasta que la salsa
espese. Si le gusta la comida muy picante,
partir los chiles para liberar las semillas; si no
fuera así, desecharlas.
Mientras tanto, cocer la pasta en una cazuela
con agua hirviendo hasta que esté *al dente*.
Escurrir.
Justo antes de servir, añadir la albahaca y un
poco de sal y pimienta a la salsa. Incorporar a
la pasta y remover.
Para 4 personas.

linguine al chile con vieiras y lima

40 g (1 1/2 oz) de mantequilla
6 cebolletas cortadas en rodajas
1 cs de jengibre fresco rallado
2 dientes de ajo machacados
1 chile rojo picado finamente
500 g (1 lb 2 oz) de vieiras
la corteza y el zumo de 1 lima
400 ml (14 fl oz) de crema de coco
2 cs de salsa de pescado
1 cs de azúcar moreno
6 hojas de lima kaffir cortadas en tiras finas, más otro poco para decorar
250 g (9 oz) de linguine al chile frescos (si no los encuentras, emplear linguine frescos normales y añadir un chile a la salsa)

Fundir casi toda la mantequilla en una sartén grande y luego rehogar las cebolletas, el jengibre, el ajo y el chile durante un par de min. hasta que las cebolletas estén blandas y doradas. Sacar de la sartén.

Volver a calentar la sartén, añadir la mantequilla restante y rehogar las vieiras por tandas a fuego fuerte hasta que estén tiernas: no se tardará mucho. Añadir la mezcla de las cebolletas y luego la ralladura y el zumo de lima, la crema de coco, la salsa de pescado, el azúcar moreno y las hojas de lima. Rehogar el tiempo justo para que la salsa se caliente bien, aproximadamente 5 min.

Mientras tanto, cocer la pasta en una cazuela grande con agua hirviendo hasta que esté *al dente*, escurrir bien y retorcer formando pequeños nidos. Echar la salsa por encima de la pasta y decorar con unas cuantas hojas de lima cortadas en tiras pequeñas.

Para 4 personas.

Los italianos consideran un sacrilegio espolvorear queso parmesano por encima del marisco... Pero, ¿a quién le importa la tradición?

Como casi toda la cocina
tailandesa, este plato tiene
mucho sabor y poca grasa,
lo que le convierte en una
alternativa tremendamente
ligera si deseas
un filete con todos
los complementos.

ensalada tailandesa de ternera

500 g (1 lb 2 oz) de cadera de ternera
(una pieza de aproximadamente
3 cm/1¹/4 pulg. de grosor)
2 cs de salsa de pescado
3¹/2 cs de zumo de lima
1 ct de azúcar de palma
o azúcar moreno
2 dientes de ajo machacados
1 tallo de hierba de limón, sólo la parte
blanca, cortada en rodajas finas
30 g (1 oz) de chalotas asiáticas rojas
cortadas en rodajas finas
2 cebolletas cortadas en rodajas finas
10 g (¹/2 taza) de menta picada grueso
4 cs de cilantro picadas grueso
125 g (4¹/2 oz) de tomates cherry
cortados por la mitad
1 pepino libanés (corto) cortado
en rodajas finas
1 col china cortada en tiras

Hacer la carne en una parrilla a fuego medio durante 4 min. por cada lado o hasta que esté hecha al gusto. Dejar que la ternera se enfríe completamente y luego cortar en lonchas finas.

Mezclar la salsa de pescado, el zumo de lima, el azúcar de palma, el ajo, la hierba de limón y los chiles en una mezcla especiada y aromática. Remover enérgicamente para disolver el azúcar. Añadir las chalotas, las cebolletas, la menta, la ternera y el cilantro y remover con brío. Dejar reposar la ensalada durante 15 min. para que los sabores se infundan.

Añadir los tomates y el pepino, y remover bien. Colocar la col sobre una bandeja de servir y cubrir con la mezcla de ternera.
Para 4 personas.

phad thai

250 g (9 oz) de fideos de arroz estrechos
3 chalotas asiáticas rojas
3 dientes de ajo picados
1 chile rojo pequeño picado
4 cs de aceite de cacahuete
12 langostinos crudos, pelados y desvenados, con las colas intactas
100 g (3 1/2 oz) de tofu firme, cortado en dados
2 cs de puré de tamarindo mezclado con 2 cs de agua
2 huevos batidos ligeramente
2 cs de salsa de pescado
2 cs de zumo de lima
2 cs de azúcar de palma o azúcar moreno
2 cs de gambas secas
100 g (3 1/2 oz) de brotes de judías
30 g (1 taza) de ramitas de cilantro
3 cs de cacahuetes tostados troceados
rodajas de lima para servir

En primer lugar, poner los fideos a remojo en agua hirviendo durante 15 min. hasta que se ablanden. Escurrir bien.

Aplastar en el mortero las chalotas, el ajo y el chile hasta formar una pasta fina.

Calentar 1 cs de aceite en el wok, añadir los langostinos y saltear hasta que los langostinos se tornen rosados y tiernos. Sacar del wok. Calentar el aceite restante en el wok, añadir la pasta y saltear a fuego medio hasta que desprenda aroma. Añadir el tofu y saltear hasta que esté dorado y ligeramente crujiente. Agregar los fideos remojados y el puré de tamarindo, y remover hasta que los fideos se recubran en la pasta. Echar los fideos a un lado del wok y añadir el huevo batido. Remover para romperlo y luego agregar la salsa de pescado, el zumo de lima y la mitad de los brotes de judías. Servir en cuencos grandes decorados con los brotes de judía restantes, el cilantro, los cacahuetes y rodajas de limón.

Para 4 personas.

No es de extrañar el gran auge
que la cocina tailandesa ha
cobrado en los últimos años.
Con tal variedad de sabores
y especias, sería posible comer
algo distinto cada día del año.

Afortunadamente existe una forma de preparar buena comida tandoori sin tener que invertir en un horno tandoor o trasladarse a la India.

pollo tandoori

1,5 kg (3 lb 5 oz) de muslos y contramuslos
de pollo sin piel
2 cs de ghee (mantequilla clarificada)
rodajas de limón

Para la marinada:
2 cs de semillas de cilantro
1 cs de semillas de comino
2 cebolla picada grueso
3 dientes de ajo picados grueso
1 trozo de 5 cm (2 pulg.) de jengibre
fresco picado grueso
250 ml (1 taza) de yogur natural
la corteza rallada de un limón
3 cs de zumo de limón
2 cs de vinagre
1 ct de páprika
2 ct de garam masala
1/2 ct de colorante alimentario tandoori
(opcional)

Comenzar con el pollo: eliminar la grasa y hacer un corte en cada trozo.

Preparar la marinada. Tostar sin aceite las semillas de cilantro y luego las de comino hasta que desprendan aroma. Moler o aplastar hasta obtener un polvo fino. Poner en un robot de cocina, añadir el resto de los ingredientes de la marinada y procesar hasta conseguir una pasta fina. Sazonar.

Marinar el pollo en la marinada durante un mínimo de 8 h., o toda la noche, removiendo de vez en cuando.

Poner el pollo en una rejilla colocada sobre una bandeja de horno. Tapar con papel de aluminio y asar en la parte superior del horno a 200 °C (400 °F/Gas 6) durante 45-50 min. o hasta que esté bien hecho (para saber si está hecho, clavar un pincho en un muslo: los jugos deberían ser transparentes). Untar el pollo con la marinada una vez durante el asado. Retirar el papel de aluminio 15 min. antes del fin de la cocción para que se dore la mezcla tandoori.

Mientras el pollo está en la rejilla, calentar la ghee, verter por encima de los trozos de pollo y asar al grill durante 5 min. para tostar los bordes del pollo como en un horno tandoor. Servir decorado con rodajas de limón.

Para 4 personas.

mee grob

aceite para freír
300 g (10½ oz) de vermicelli chino seco
2 huevos batidos ligeramente
4 dientes de ajo picados finamente
150 g (5½ oz) de langostinos crudos picados
125 g (4½ oz) de carne de cerdo picada
200 g (7 oz) de tofu firme cortado en dados
90 g (½ taza) de azúcar de palma
o azúcar moreno
2 cs de salsa de pescado
4 cs de zumo de lima
2 cs de vinagre de coco
100 g (3½ oz) de brotes de judías
2 cs de hojas de cilantro picadas
chiles rojos pequeños cortados en rodajas

Calentar el aceite en un wok hasta que esté bien caliente o hasta que, al añadir unos cuantos granos de vermicelli, éstos burbujeen en la superficie del aceite. Rehogar el vermicelli por tandas hasta que esté dorado y crujiente. Escurrir parte del aceite sobre papel de cocina arrugado.

Quitar todo el aceite del wok, dejando únicamente 2 cs. Añadir el huevo batido y dejar que cuaje en una especie de tortita de huevo, dar la vuelta y hacer por el otro lado. Sacar y cortar en tiras finas: una forma fácil de hacer esto es enrollar la tortilla como si fuera una alfombra y cortar en sentido transversal al rollo.

Añadir un poco más de aceite, si fuera necesario, y luego rehogar brevemente el ajo, removiendo para que no queme. Saltear los langostinos, el cerdo y el tofu hasta que estén hechos. Agregar el azúcar, la salsa de pescado, el zumo de lima y el vinagre, y dejar que hierva hasta que se vuelva espeso y almibarado, aproximadamente 3 min. Apartar el wok del fuego e incorporar el vermicelli, los brotes de judía y el cilantro. Servir inmediatamente en cuencos, coronados con el huevo en tiras y los chiles en rodajas.
Para 4 personas.

Si deseas comida rápida
y fresca, es imposible pasar
por alto la cocina china
o tailandesa. Una vez
preparados los ingredientes,
no resta más que unos cuantos
minutos de salteado en el wok
y tendrás el resto de la noche
para relajarte.

Este festín picante es para
aquéllos que gustan de
sabores abrasadores. Servir con
abundante yogur o raita para
refrescar un poco el paladar.

vindaloo de cerdo

1 pierna de cerdo de 1 kg (2 lb 4 oz) con el hueso
6 vainas de cardamomo
1 cs de granos de pimienta negra
4 chiles secos
1 cs de clavos
1 rama de canela de 10 cm (4 pulg.) partida
1 cs de semillas de comino
1/2 ct de cúrcuma molida
1/2 ct de semillas de cilantro
1/4 ct de semillas de alholva
4 cs de vinagre
1 cs de vinagre balsámico
4 cs de aceite
2 cebollas cortadas en rodajas finas
10 dientes de ajo cortados en rodajas finas
1 trozo de jengibre fresco de 5 cm (2 pulg.) cortado en palitos
3 tomates maduros picados grueso
4 chiles verdes picados
1 ct de azúcar moreno

Eliminar el exceso de grasa del cerdo, retirar el hueso y cortar en dados de 2,5 cm (1 pulg.). Reservar el hueso.

Abrir las vainas de cardamomo y extraer las semillas. Moler las semillas de cardamomo, los granos de pimienta, los chiles secos, los clavos, la rama de canela, las semillas de comino, la cúrcuma, las semillas de cilantro y de alholva en un molinillo de especias o en un mortero. Mezclar las especias molidas en un cuenco grande con los vinagres. Añadir el cerdo y mezclar bien para que se recubra. Tapar y marinar en el frigorífico durante 3 h.

Calentar el aceite en una cazuela a fuego lento y rehogar las cebollas hasta que comiencen a dorarse. Agregar el ajo, el jengibre, los tomates y los chiles, y remover bien. Añadir el cerdo, subir el fuego y freír hasta que se dore, aproximadamente 4 min. Agregar 250 ml (1 taza) de agua y el líquido sobrante de la marinada, reducir el fuego y llevar de nuevo a ebullición. Añadir el azúcar y el hueso del cerdo. Poner una tapadera que ajuste bien y cocinar a fuego lento durante 1 1/2 h., removiendo de vez en cuando hasta que la carne esté bien tierna. Desechar el hueso. Sazonar al gusto.

Para 4 personas.

korma de cordero

1 kg (2 lb 4 oz) de pierna o paletilla
de cordero sin hueso, cortadas
en dados de 2,5 cm (1 pulg.)
2 cs de yogur natural
1 cs de semillas de cilantro
2 ct de semillas de comino
5 vainas de cardamomo
2 cebollas
2 cs de coco rallado
1 cs de semillas de amapola (opcional)
3 chiles verdes picados grueso
4 dientes de ajo machacados
1 trozo de 5 cm (2 pulg.) de jengibre
fresco rallado
1 cs de anacardos
6 clavos
1/4 ct de canela molida
2 cs de aceite

Recubrir el cordero con el yogur y reservar. Tostar sin aceite las semillas de cilantro y luego las semillas de comino a fuego lento hasta que desprendan aroma. A continuación, moler o aplastar en un mortero hasta obtener un polvo fino. Extraer las semillas de cardamomo de las vainas y molerlas.

Picar una cebolla en trozos no muy pequeños y cortar la otra en rodajas. Poner únicamente la cebolla picada en una batidora con las especias molidas, el coco, las semillas de amapola, los chiles, el ajo, el jengibre, los anacardos, los clavos, la canela y 150 ml (5 fl oz) de agua, y procesar hasta obtener una pasta suave.

Calentar en aceite en una cazuela a fuego medio. Añadir la cebolla cortada en rodajas y freír hasta que se dore ligeramente. Verter la mezcla batida en la cazuela, sazonar y cocinar a fuego lento durante 1 min. o hasta que el líquido se evapore y espese la salsa. Añadir el cordero junto con el yogur y llevar de nuevo a ebullición. Poner una tapadera que ajuste bien y cocinar a fuego lento durante 1 1/2 h. o hasta que la carne esté muy tierna. Remover la carne de vez en cuando para evitar que se pegue al fondo de la cazuela. Si el agua se evapora durante la cocción, añadir otros 125 ml (1/2 taza) de agua para hacer una salsa. La salsa debería ser bastante espesa. Para 4 personas.

El korma de cordero posee la clase de aroma maravilloso que hace salivar a cualquiera. Y es la iniciación perfecta a la comida picante: sólo se aprecia un rastro de especias en la suave cremosidad de la salsa.

Chiles verdes frescos, galanga, hierba de limón y especias son la base de la pasta de curry utilizada en este famoso plato de estilo tailandés.

curry verde de pollo

Para la pasta de curry:
1 ct de semillas de comino
1 ct de semillas de cilantro
1/4 ct de granos de pimienta blanca
2 tallos de hierba de limón,
sólo la parte blanca, picada
10 chiles verdes largos
3 dientes de ajo machacados
5 trozos de galanga fresca o jengibre fresco
de 2 cm (2 x 3/4 pulg.), pelados y picados
6 chalotas asiáticas rojas picadas grueso
5 raíces de cilantro
2 ct de pasta de gambas
1 ct de ralladura de lima
1 cs de zumo de lima
1 cs de salsa de pescado

250 ml (1 taza) de crema de coco
750 g (1 lb 10 oz) de filetes de muslo
de pollo, cortados en tiras finas
de 1,5 cm (5/8 pulg.) de grosor
125 g (41/2 oz) de judías verdes largas
cortadas en trozos de 3 cm (11/4 pulg.)
150 g (51/2 oz) de brécol cortado en ramitos
100 g (31/2 oz) de brotes de bambú
cortado en tiras gruesas
4 hojas de lima kaffir
500 ml (2 tazas) de leche de coco
1 cs de azúcar de palma o azúcar moreno
2-3 cs de salsa de pescado
30 g (1/2 taza) de albahaca

La pasta de curry es la base de esta receta. Para prepararla, tostar en seco las semillas de comino, las semillas de cilantro y los granos de pimienta hasta que desprendan aroma, moviendo constantemente la sartén para que no se quemen. A continuación, molerlas o machacarlas en el mortero hasta convertirlas en polvo. Poner en un robot de cocina con el resto de los ingredientes de la pasta y 1/2 ct de pimienta negra molida y 1/4 de ct de sal y procesar hasta obtener una pasta suave. Pasar a un cuenco de cerámica o cristal, tapar bien (o todo lo que haya en el frigorífico se impregnará del aroma) y refrigerar.

Verter la crema de coco en un wok o una sartén de base gruesa, llevar a ebullición y cocinar a fuego fuerte durante 10 min. o hasta que el aceite se separe. Esto contribuye a espesar la salsa. Reducir el fuego, añadir la mitad de la pasta de curry y cocinar 2 ó 3 min. o hasta que desprenda aroma.

Añadir el pollo y hacerlo bien, lo que llevará unos cuantos minutos. Incorporar las judías, el brécol, los brotes de bambú, las hojas de lima y la leche de coco. Llevar a ebullición y luego reducir el fuego y cocinar a fuego lento hasta que las judías estén hechas pero no reblandecidas. Agregar el azúcar, la salsa de pescado y la albahaca. Servir acompañado de arroz para que absorba los jugos.

Para 4-6 personas.

ternera asada a la pimienta

1 kg (2 lb 4 oz) de solomillo
de ternera en una pieza
2 cs de granos de pimienta negra
recién molidos
1 cebolla roja grande
4 patatas grandes
50 g (1¾ oz) de mantequilla
3 cs de caldo de ternera
3 cs de vino tinto
500 g (1 lb 2 oz) de judías amarillas
y verdes mezcladas

Eliminar casi toda la grasa de la ternera, dejando únicamente una capa fina para que la carne esté jugosa durante el asado. Recubrir la carne con los granos de pimienta: apretarlos con las manos o rodar la ternera sobre ellos.

Cortar la cebolla y las patatas en rodajas gruesas de 5 mm (¼ pulg.) y poner en una fuente para horno. Poner la ternera encima, con el lado graso hacia arriba. Cortar casi toda la mantequilla en trocitos y echar por encima de la ternera y las patatas. Añadir el caldo y el vino, y hornear a 180 °C (350 °F/Gas 4) durante 35-40 min. si se desea poco hecho o hasta que esté hecho al gusto. Sacar la carne del horno y dejar reposar durante 5 min. antes de trinchar.

Mientras tanto, llevar a ebullición una cazuela con agua ligeramente salada. Añadir las judías mezcladas y cocer hasta que estén tiernas, aproximadamente 3 min. Escurrir bien, añadir la mantequilla restante y remover hasta que estén brillantes. Mantener caliente hasta el momento de servir.

Para servir, repartir la mezcla de cebolla y patata entre cuatro platos y coronar con lonchas de ternera. Regar con los jugos que queden en la fuente y servir con las judías. Para 4 personas.

Esta ternera a la pimienta
es ideal servida como plato
invernal, pero cuando se
prepara en una barbacoa, se
transforma en un sorprendente
festín estival.

tórrido
algo caliente, caliente, caliente

Hay dos opciones: ser virtuoso y servir la tostada con un cuenco de fruta fresca o ser descarado y añadir un montón de bacón crujiente y un buen chorro de sirope de arce.

tostada francesa

3 cs de nata o leche
3 huevos
3 cs de azúcar extrafino
una pizca de canela
unas tiras de corteza de naranja (opcional)
8 rebanadas de pan grueso o brioche
un poco de mantequilla

Mezclar la nata, los huevos, el azúcar, la canela y la corteza de naranja en un cuenco poco hondo. Empapar el pan en la mezcla; es mejor si se hace de rebanada en rebanada. Calentar un poco de mantequilla en una sartén. Cuando chisporrotee, freír ambos lados del pan hasta que esté dorado, bien hecho y humeante. Como las rebanadas deben freírse una a una, conviene poner las que ya estén hechas en un plato y meterlas en el horno.
Para 4 personas.

gachas al aroma de canela con higos y nata

200 g (2 tazas) de gachas de avena
1/4 ct de canela molida
50 g (13/4 oz) de mantequilla
95 g (1/2 taza) de azúcar moreno
300 ml (10 fl oz) de nata
6 higos frescos cortados por la mitad
leche
nata doble

Lo primero es preparar las gachas. Poner la avena, la canela y 1 l (4 tazas) de agua en una cazuela y remover hasta obtener unas gachas espesas, calientes y suaves, aproximadamente 5 min. Apartar la cazuela del fuego mientras se prepara el resto de la comida.

Fundir la mantequilla en una sartén grande y, cuando chisporrotee, añadir todo el azúcar moreno, salvo 2 cs, y remover vigorosamente hasta que se disuelva en una mantequilla acaramelada. Verter la nata en la cazuela y llevar a ebullición. Dejar que la nata con caramelo cueza a fuego lento hasta que comience a espesar ligeramente, aproximadamente 2 min.

Extender los higos en una bandeja de horno, espolvorear con el azúcar restante y asar al grill hasta que el azúcar se funda y los higos se ablanden.

Servir las gachas en cuencos, añadir un poco de leche y repartir los higos y la salsa de caramelo entre los cuencos. Añadir 1 cs de nata como toque final.

Para 4 personas.

Las gachas son un plato invernal reconfortante, sobre todo si se acompañan de higos maduros y salsa de caramelo.

Las tortitas son la opción ideal para un desayuno dominical especial.

tortitas de jengibre y ricotta con panales

150 g (1 taza) de harina de trigo
2 cs de azúcar extrafino
2 ct de levadura en polvo
2 ct de jengibre molido
55 g (1 taza) de coco en copos, tostado
4 huevos, separados
500 g (1 lb 2 oz) de ricotta
310 ml (1¼ tazas) de leche
4 plátanos en rodajas
200 g (7 oz) de panales frescos, partidos en trozos grandes

Tamizar la harina, el azúcar, la levadura y el jengibre en un cuenco. Añadir el coco y hacer un hoyo en el centro. Agregar las yemas de huevo mezcladas, 350 g (12 oz) del queso ricotta y toda la leche. Mezclar hasta obtener una masa suave.

Batir las claras de huevo a punto de nieve e incorporarlas a la masa: esto la hará más ligera.

Calentar una sartén y untarla con un poco de mantequilla fundida o aceite. Verter 3 cs de la masa en la sartén y mover para crear una tortita. Hacer a fuego lento hasta que se formen burbujas en la superficie, dar vuelta y hacer por el otro lado hasta que se dore. Para mantener calientes las tortitas, se pueden amontonar en un plato, tapadas con papel de aluminio, y guardarlas en el horno caliente mientras se cocina el resto.

Apilar tres tortitas en cada plato (mucho mejor si están calientes) y coronar con 1 cs generosa de ricotta, unas rodajas de plátano y un trozo grande de panal fresco.

Para 4 personas.

pan de maíz con huevos revueltos cremosos

Para el pan de maíz:
155 g (1 1/4 tazas) de harina de fuerza
1 cs de azúcar extrafino
2 cs de levadura en polvo
110 g (3/4 taza) de polenta fina
(harina de maíz)
60 g (1/2 taza) de queso Cheddar rallado
25 g (1/2 taza) de hierbas variadas picadas
(hemos utilizado cebollinos,
eneldo y perejil)
2 huevos
250 ml (1 taza) de suero de leche
4 cs de aceite de oliva o macadamia

Para los huevos revueltos:
6 huevos
125 ml (1/2 taza) de nata
hojas pequeñas de albahaca

Tamizar la harina, el azúcar, la levadura en polvo y 1 ct de sal en un cuenco. Añadir la polenta, el queso, las hierbas, los huevos, el suero de leche y el aceite y mezclar. Poner la mezcla en un molde rectangular de 20 cm x 10 cm (8 pulg. x 4 pulg.) ligeramente engrasado y hornear a 180 °C (350 °F/Gas 4) hasta que, al clavar un pincho, éste salga limpio, aproximadamente durante 45 min. Para hacer los huevos revueltos, batir los huevos y la nata, y salpimentar. Verter la mezcla en una sartén antiadherente y cocinar a fuego lento, removiendo de vez en cuando hasta que el huevo comience a cuajar. Si logras no remover demasiado, tendrás como recompensa unos huevos suaves y cremosos. Servir los huevos revueltos con pan de maíz untado generosamente con mantequilla. Espolvorear con hojas de albahaca.
Para 4 personas.

El desayuno del fin de semana debería ser un acontecimiento largo y perezoso acompañado de café humeante, zumo de naranja recién exprimido y una gran montaña de periódicos y suplementos.

Estos pequeños fritos son tan sabrosos que resulta difícil resistirse a comerlos uno a uno según salen de la sartén.

fritos de batata y maíz

Para el aliño:
250 g (1 taza) de yogur natural
3 cs de cilantro picado
2 ct de aceite
1/4 de ct de corteza de lima rallada
2 cs de zumo de lima

265 g (1 1/3 tazas) de granos de maíz
250 g (9 oz) de batata anaranjada troceada
1 cebolla pequeña en tiras
2 huevos
90 g (1/2 taza) de harina de arroz
2 ct de curry en polvo
4 cs de aceite
tiras finas de chile

El aliño es sencillo: no hay más que mezclar todos los ingredientes en un cuenco pequeño y dejarlos macerar mientras se preparan los fritos.

Para los fritos, poner los granos de maíz, la batata, la cebolla, los huevos, la harina y el curry en polvo en un cuenco. Mezclar con las manos.

Calentar 1 1/2 cs de aceite en una sartén grande. Formar seis tortitas con 1 cs de masa cada una y cocinar hasta que se doren, aproximadamente 5 min. Escurrir sobre papel de cocina y mantener caliente mientras se repite la operación con el resto de la masa. Deberían obtenerse 12 fritos.

Calentar el resto del aceite en una sartén y freír brevemente el chile a fuego medio hasta que las tiras estén bien doradas.

Echar el aliño con una cuchara sobre los fritos calientes, adornar con el chile y servir con servilletas en abundancia.

Para 4 personas como aperitivo.

langostinos con ajo y vino

20 langostinos grandes crudos
3 cs de aceite de oliva
85 g (3 oz) de mantequilla
la mitad de un chile rojo picado finamente
10 dientes de ajo machacados
3 cs de vino blanco
3 cs de perejil picado

Pelar y desvenar los langostinos dejando las colas intactas. Echar el aceite en una sartén grande. Añadir la mantequilla, el chile y la mitad del ajo, y rehogar durante unos min, removiendo constantemente.

Añadir los langostinos y luego espolvorear con el resto del ajo. Rehogar hasta que los langostinos se tornen rosados, aproximadamente 3 min. Dar vuelta a los langostinos, añadir el vino y cocinar durante otros 4 min. Espolvorear el perejil, salpimentar y servir con pan crujiente en abundancia para mojar el delicioso y aromático jugo.

Para 4 personas como aperitivo.

Algunos alimentos deben saborearse en toda su gloriosa simplicidad, con apenas un toque de esto o una pizca de aquello para realzar su sabor.

No hay nada mejor que una patata asada crujiente y dorada por fuera y esponjosa por dentro.

patatas asadas crujientes

1,25 kg (2 lb 12 oz) de patatas peladas y cortadas a la mitad
un poco de mantequilla fundida
1 cs de aceite

Primero, cocer las patatas durante unos minutos y luego escurrir y dejar enfriar sobre papel de cocina. Rascar con un tenedor el lado redondo de cada patata y poner en una bandeja de horno engrasada.

Mezclar la mantequilla con el aceite y emplear la mitad para untar las patatas. Asar las patatas en el horno a 180 °C (350 °F/Gas 4) durante 25 min. y untarlas de nuevo con el resto del preparado aceitoso. Volver a meter al horno hasta que estén doradas y crujientes, aproximadamente 25 min.

Para 4-6 personas.

Las patatas asadas pueden complementar una comida o rellenarse para servir como plato principal.

patatas asadas clásicas

8 patatas harinosas grandes, lavadas y secas
aceite de oliva

Untar la piel de las patatas con aceite y aderezar con sal y pimienta negra recién molida.

Hornear a media altura a 180 °C (350 °F/Gas 4) durante 1½ o hasta que la piel esté crujiente y la carne esté tierna al clavar un pincho. Cortar una cruz en la parte superior de las patatas y observar cómo escapa el vapor.

Para 8 personas.

Algunos platos hacen que
resulte fácil interesarse por
lo vegetariano, y con tantas
cosas que masticar, éste es
definitivamente uno de ellos.

salteado de verduras

2 cs de salsa de soja
1 ct de salsa de pescado
1 cs de salsa de ostras
3 cs de caldo de verduras
1/2 ct de azúcar de palma o azúcar moreno
2 cs de aceite
4 cebolletas cortadas en tiras de 3 cm (1 1/4 pulg.)
2 dientes de ajo machacados
1 chile rojo sin semillas y cortado en rodajas
70 g (2 1/2 oz) de champiñones cortados en cuartos
100 g (3 1/2 oz) de col china picada grueso
150 g (5 1/2 oz) de tirabeques
150 g (5 1/2 oz) de coliflor cortada en ramitos
150 g (5 1/2 oz) de brécol cortado en ramitos
hojas de cilantro picado

Comenzar preparando la salsa para el salteado, que se añadirá casi al final. Mezclar la salsa de soja, la salsa de pescado, la salsa de ostras, el caldo, el azúcar de palma y remover hasta que se disuelva el azúcar.

Calentar un wok, añadir el aceite y mover para que se distribuya por toda la superficie. Añadir las cebolletas, el ajo y el chile, y saltear brevemente sin dejar que se queme. Agregar los champiñones y la col, y saltear durante 1 min. Incorporar la salsa y luego los tirabeques, la coliflor y el brécol. Cocinar las verduras hasta que estén tiernas, sólo durante 2 min. Decorar con las hojas de cilantro y servir con abundante arroz vaporizado.

Para 6 pesonas.

sandwich de ternera con mahonesa a la mostaza

3 cs de aceite de oliva
1 cebolla roja cortada en rodajas
1 ct de azúcar moreno
2 ct de vinagre balsámico
1 ct de tomillo
1 cs de mostaza de Dijon
3 cs de mahonesa
100 g (3 1/2 oz) de rúcula
aceite de oliva adicional, para freír
500 g (1 lb 2 oz) de ternera cortada
en filetes finos
8 rebanadas gruesas de pan
2 tomates maduros cortados en rodajas

Rehogar la cebolla en el aceite en una cazuela pequeña tapada, removiendo de vez en cuando. El objetivo es ablandar la cebolla sin que se dore, proceso que podría llevar hasta 15 min., dependiendo del tipo de cocina. Levantar la tapadera, añadir el azúcar y el vinagre, y cocinar hasta que la cebolla esté blanda y ligeramente dorada; esto podría llevar otros 10 min. Apartar la cazuela del fuego y añadir el tomillo.

Mientras se hace la cebolla, preparar la mahonesa a la mostaza mezclando la mostaza y la mahonesa.

Regar las hojas de rúcula con un poco de aceite de oliva y salpimentar con sal y pimienta negra recién molida.

Calentar 1 cs del aceite adicional en una sartén a fuego fuerte y freír los filetes por tandas unos 2 min. por cada lado, añadiendo más aceite si fuera necesario. Sazonar.

Dejar que cada uno se prepare su sandwich a fin de lograr la combinación perfecta de ternera, rúcula, tomate, cebolla y mahonesa a la mostaza.

Para 4 personas.

¿Qué mejor forma de recibir el verano que con una barbacoa en compañía de amigos? Estos sandwiches de ternera calientes y jugosos son motivo de celebración.

La cremosidad del risotto inspira una cena restauradora. Remover constantemente durante su preparación –en compañía de una copa de buen vino– también tiene cierta cualidad curativa.

risotto de marisco

4 cs de aceite de oliva
2 dientes de ajo machacados
175 g (6 oz) de tubos de calamar, cortados en anillas
200 g (7 oz) de langostinos crudos, pelados y desvenados
175 g (6 oz) de filetes de pescado blanco firme, como lubina, corvina o eglefino, sin piel y cortado en trocitos
16 vieiras limpias
1 puerro, sólo la parte blanca, cortado en rodajas finas
350 g (12 oz) de arroz para risotto
125 ml ($\frac{1}{2}$ taza) de caldo de pescado caliente
3 tomates pera picados
un poco de mantequilla
1 $\frac{1}{2}$ cs de perejil picado finamente
1 $\frac{1}{2}$ cs de eneldo picado finamente

Calentar la mitad del aceite de oliva en una cazuela grande y ancha. Añadir el ajo y rehogar brevemente sin dejar que se dore. Incorporar el calamar y los langostinos; sazonar. Subir el fuego y rehogar hasta que se tornen opacos. Sacar el marisco de la cazuela y reservar. A continuación, rehogar el pescado y las vieiras hasta que cambien de color. Sacar de la cazuela.

Añadir el resto del aceite a la sartén. Rehogar el puerro hasta que se ablande pero sin dejar que se dore. Incorporar el arroz hasta que se recubran todos los granos y luego agregar el vino. Subir el fuego y remover hasta que se absorba todo el líquido.

Agregar un cacillo de caldo y cocinar a fuego lento, removiendo constantemente. Cuando el caldo se haya absorbido, añadir otro cacillo. Continuar hasta que se haya absorbido todo el caldo y el arroz esté tierno pero resista al morderlo, aproximadamente durante 20 min. Añadir los tomates y el marisco, e incorporar lentamente al risotto.

Apartar la cazuela del fuego y agregar la mantequilla y las hierbas. Sazonar. Poner en platos calientes y servir inmediatamente. Para 4 personas.

pollo con albahaca tailandesa

1 cs de salsa de pescado
1 cs de salsa de ostras
2 ct de zumo de lima
1 cs de azúcar de palma o azúcar moreno
3 cs de aceite de cacahuete
500 g (1 lb 2 oz) de filetes de pechuga de pollo, cortados en tiras finas
1 diente de ajo machacado
4 cebolletas cortadas en rodajas finas
150 g (5 1/2 oz) de judías verdes largas, cortadas en trozos de 5 cm (2 pulg.)
2 chiles rojos pequeños cortados en rodajas
35 g (3/4 taza) de albahaca tailandesa, más otro poquito
2 cs de menta picada

Casi todos los salteados incorporan una salsa que aporta sabor justo al final. Y éste no es la excepción. Para preparar la salsa, mezclar la salsa de pescado, la salsa de ostras, el zumo de lima, el azúcar de palma y 2 cs de agua. Remover bien hasta que se disuelva el azúcar y reservar hasta que se necesite.

Calentar un wok a fuego fuerte, añadir 1 cs de aceite y mover para recubrir toda la superficie. Saltear el pollo por tandas hasta que esté dorado y casi hecho, aproximadamente durante 4 min. Tal vez sea necesario añadir un poquito más de aceite entre las tandas de pollo. Sacar el pollo del wok y mantener caliente.

Calentar el resto del aceite en el wok y luego saltear el ajo, las cebolletas, las judías y los chiles hasta que las cebolletas estén tiernas. Volver a incorporar el pollo al wok.

Añadir la albahaca y la menta, agregar la salsa y cocinar durante 1 min. Decorar con la albahaca adicional y servir con arroz jazmín vaporizado.

Para 4 personas.

Para degustar los salteados en su mejor momento, servirlos inmediatamente para que el sabor ahumado del wok permanezca en el plato.

Casi cada región de Italia posee su propia versión de minestrone, así que siéntete libre para experimentar con la receta básica y preparar una sopa a tu gusto.

minestrone con pesto

125 g (4¹/₂ oz) de alubias borlotti secas
3 cs de aceite de oliva
1 cebolla grande picada finamente
60 g (2¹/₄ oz) de panceta picada finamente
1 tallo de apio cortado en dados
1 zanahoria cortada en dados
1 patata pelada y cortada en dados
2 ct de concentrado de tomate
400 g (14 oz) de tomates enlatados troceados
6 hojas de albahaca partidas
2 l (8 tazas) de caldo de pollo o verduras
2 calabacines finos cortados en rodajas de 1,5 cm (⁵/₈ pulg.)
115 g (³/₄ taza) de guisantes
60 g (2¹/₄ oz) de judías verdes cortadas en trocitos
85 g (3 oz) de acelgas cortadas
3 cs de perejil de hoja plana (italiano) picado
70 g (2¹/₂ oz) de ditalini u otra pasta pequeña

Para el pesto:
30 g (1 taza) de albahaca
25 g (1 oz) de piñones ligeramente tostados
2 dientes de ajo
100 ml (3¹/₂ fl oz) de aceite de oliva
3 ct de parmesano rallado

Poner las alubias borlotti a remojo en agua fría durante la noche; luego escurrir y lavar bien.

Calentar el aceite en una cazuela grande y honda, añadir la cebolla, el ajo y la panceta, y rehogar a fuego lento, removiendo de vez en cuando hasta que esté tierno y suave, aproximadamente 10 min.

Añadir el apio, la zanahoria y la patata. Rehogar durante 5 min. antes de agregar el concentrado de tomate, los tomates, la albahaca y las alubias borlotti escurridas. Echar pimienta. Incorporar el caldo y llevar a ebullición. Tapar y cocinar a fuego lento durante 1¹/₂, removiendo de vez en cuando.

Añadir el resto de las verduras, el perejil y la pasta. Cocinar a fuego lento hasta que las verduras y la pasta estén al dente, unos 10 min. como máximo. Sazonar si fuera necesario.

Para preparar el pesto, picar la albahaca, los piñones y el ajo con una pizca de sal en un robot de cocina. Con el motor en marcha, agregar el aceite de oliva poco a poco. Poner en un cuenco y añadir el parmesano y un poco de pimienta. Echar 1 cs en la sopa.
Para 6 personas.

empanaditas de snapper

2 cs de aceite de oliva
4 cebollas en rodajas finas
375 ml (1 1/2 tazas) de caldo de pescado
875 ml (3 1/2 tazas) de nata
1 kg (2 lb 4 oz) de filetes de snapper sin piel,
cortados en trozos grandes
2 ct de aceite trufado (opcional)
2 láminas de pasta de hojaldre,
descongelada
1 huevo batido ligeramente

El primer paso consiste en caramelizar ligeramente las cebollas. Para hacerlo, calentar el aceite en una sartén honda, añadir las cebollas y remover a fuego medio 20 min. Agregar el caldo de pescado, llevar a ebullición y cocer hasta que el líquido casi se haya evaporado, aproximadamente durante 10 min. Incorporar la nata y llevar a ebullición. A continuación, reducir el fuego y cocinar a fuego lento hasta que el líquido se haya reducido a la mitad, más o menos durante 20 min.

Verter la mitad de la salsa en cuatro ramekines, o moldes individuales, de 500 ml (2 tazas). Poner unos trozos de pescado en cada molde y luego agregar el resto de la salsa. Añadir 1/2 ct de aceite trufado a cada empanadita. Cortar las láminas de hojaldre en círculos que sean un poco más grandes que la parte superior de los moldes. Untar los bordes de la masa con un poco de huevo, y luego emplear éste como pegamento para sujetar los círculos de masa sobre los moldes. Untar las tapas de hojaldre con el huevo batido restante para lograr un acabado profesional en las empanaditas. Hornear a 220 °C (425 °F/ Gas 7) hasta que las tapas hayan subido y el relleno esté humeante.

Para 4 personas.

Una sola gota de aceite trufado aporta un aroma y sabor exquisitos.

Estos pastelitos son tan sublimes que nunca más querrás comer pasteles o empanadas que no sean caseros.

empanaditas de pollo y puerro

2 cs de aceite de oliva
500 g (1 lb 2 oz) de muslos de pollo, cortados en dados de 2 cm (³/4 pulg.)
60 g (2¹/4 oz) de mantequilla
1 puerro cortado en rodajas finas
3 dientes de ajo machacados
3 cs de vino blanco seco
2 cs de harina de trigo
250 ml (1 taza) de caldo de pollo
125 ml (¹/2 taza) de nata
2 ct de tomillo picado
2 cs de perejil picado
2 láminas de pasta de hojaldre
1 huevo batido ligeramente

Freír el pollo en dos tandas a fuego fuerte hasta que esté bien dorado pero no completamente hecho, aproximadamente 4 min. Sacar de la sartén con una espumadera. Fundir la mantequilla en la misma sartén y, cuando chisporrotee, rehogar el puerro y el ajo a fuego lento hasta que estén blandos pero no dorados. Volver a echar el pollo a la sartén, añadir el vino y cocer hasta que se haya evaporado casi todo el vino, dejando sólo el sabor. Espolvorear la harina por encima, remover brevemente y añadir el caldo, la nata y el tomillo. Reducir el fuego y cocinar a fuego lento hasta que el pollo esté tierno y la salsa se haya reducido y espesado, aproximadamente 20 min. Sazonar al gusto, apartar del fuego y dejar enfriar. Incorporar el perejil.

Repartir la mezcla entre cuatro ramekines, o moldes individuales, de 315 ml (1¹/4 tazas). Cortar cuatro círculos de 12 cm (4³/4 pulg.) de pasta de hojaldre, untar los bordes de los moldes con un poco de huevo batido y tapar con los círculos de hojaldre. Apretar los bordes para cerrarlos. Si te sientes artístico, recortar tiras de pasta para decorar las tapas. Untar con huevo y perforar con un cuchillo tres agujeros en cada empanadita para que escape el vapor. Hornear en la parte inferior del horno a 200 °C (400 °F/Gas 6) hasta que se dore el hojaldre.

Para 4 personas.

empanada de ternera

2 cs de aceite
1 kg (2 lb 4 oz) de aguja de ternera cortada en trozos
1 cebolla grande picada
1 zanahoria grande picada finamente
2 dientes de ajo machacados
2 cs de harina de trigo
250 ml (1 taza) de caldo de ternera
2 ct de tomillo
1 cs de salsa Worcestershire
750 g (1 lb 10 oz) de pasta de hojaldre
1 yema de huevo
1 cs de leche

Calentar la mitad del aceite en una sartén grande y dorar la carne por tandas. Sacar de la sartén. Calentar el aceite restante, añadir la cebolla, la zanahoria y el ajo, y dorar a fuego medio. Volver a echar la carne en la sartén y agregar la harina. Rehogar 1 min., apartar del fuego e incorporar el caldo poco a poco, removiendo bien la harina. Añadir el tomillo y la salsa Worcestershire, y llevar a ebullición. Sazonar.

Reducir el fuego al mínimo, tapar y cocinar a fuego lento hasta que la carne esté tierna: esto podría llevar unas 2 h. Durante los últimos 15 min., retirar la tapa para que la salsa espese. Dejar enfriar completamente. Dividir la pasta por la mitad y extender una porción entre dos hojas de papel de horno hasta que sea lo bastante grande para cubrir un molde engrasado de 23 cm (9 pulg.). Forrar el molde, rellenar con la mezcla fría y extender el hojaldre restante para tapar el molde. Untar los bordes del hojaldre con agua. Extender la pasta por encima de la empanada y presionar suavemente para cerrarla. Recortar la pasta de los bordes. Perforar unos agujeros para que escape el vapor en la parte superior del hojaldre. Batir la yema de huevo y la leche, y untar con ello la tapa de la empanada. Hornear a 200 °C (400 °F/Gas 6) hasta que el hojaldre esté dorado, aproximadamente 30 min.

Para 6 personas.

La empanada casera es, sin lugar a dudas, una de las mejores cosas de la vida. Servir con un gran cuenco de puré de ajo cremoso a modo de reconfortante invernal.

Compra un pollo de corral
–seguro que notarás
la diferencia– y sírvelo
con tus verduras favoritas
y un montón de salsa.

pollo asado perfecto

60 g (2¹/₄ oz) de mantequilla reblandecida
1 cebolla pequeña picada finamente
150 g (5¹/₂ oz) de migas de pan blanco blandas
2 cs de perejil picado
1 cs de estragón picado
2 ct de corteza de limón rallada
250 ml (1 taza) de caldo de pollo
1 pollo de 1,6-2 kg (3 lb 8 oz-4 lb 8 oz)

Fundir un tercio de la mantequilla en una cazuela a fuego lento y, justo antes de que empiece a formarse espuma, añadir la cebolla y freír hasta que esté blanda y dorada, removiendo con frecuencia.

Mientras tanto, mezclar las migas de pan, las hierbas y la corteza de limón en un cuenco. Sazonar al gusto.

Añadir el caldo a la cebolla y llevar a ebullición. Verter por encima del preparado de migas y remover bien. Dejar enfriar completamente. Secar la cavidad interna del pollo con papel de cocina. Rellenar con las manos la cavidad con el relleno frío. Atar las patas con hilo.

Untar la piel del pollo con el resto de la mantequilla y salpimentar. Poner el pollo, con la pechuga hacia arriba, en una rejilla sobre una bandeja para horno y asar a 200 °C (400 °F/Gas 6) durante 45 min. Sacar del horno, inclinar ligeramente la bandeja y recoger el jugo para regar el pollo. Volver a meter en el horno y asar durante otra ¹/₂ h. Para saber si esté hecho, clavar un pincho en la parte inferior del muslo. Si el jugo es transparente, esté hecho; pero si no, meterlo al horno durante 10 min. Una vez asado, dejar que el pollo se asiente y luego servir. Para 4-6 personas.

salchichas con salsa espesa de cebolla

1 cs de aceite de oliva
8 salchichas gruesas (de cerdo o *bratwurst*)

Para la salsa de cebolla:
40 g (1½ oz) de mantequilla
3 cebollas cortadas en rodajas finas
2 dientes de ajo machacados
1 cs de harina de trigo
500 ml (2 tazas) de caldo de ternera
125 ml (½ taza) de vino blanco seco
2 ct de mostaza de Dijon
3 ct de azúcar moreno
1 ct de tomillo picado

Calentar el aceite en una sartén grande y freír las salchichas a fuego medio hasta que se doren por todas partes, aproximadamente 5 min. Sacar a un plato y mantener calientes hasta que se prepare la salsa.

Para hacer la salsa de cebolla, fundir la mantequilla en la misma sartén, añadir las cebollas y rehogar a fuego lento hasta que estén blandas y doradas; esto llevará unos 20 min. Remover las cebollas de vez en cuando. Añadir el ajo y rehogar durante 30 seg. Agregar la harina y rehogar brevemente a fuego lento para que adquiera color. Apartar la sartén del fuego y verter poco a poco el caldo y el vino. Volver a poner en el fuego y llevar a ebullición. Añadir la mostaza, el azúcar y el tomillo y luego reducir el fuego y cocinar a fuego lento, removiendo de cuando en cuando hasta que la salsa espese. Echar pimienta.

Añadir las salchichas a la salsa y cocinar a fuego lento, removiendo hasta que estén bien hechas, aproximadamente durante 10 min.

Servir las salchichas y la salsa sobre un lecho de puré de patata y verduras al vapor.
Para 4 personas.

Éste es el tipo de plato que deseas comer cuando hace mucho frío y en la tele ponen una película buena. Procura tener chocolate para el postre.

La palabra "tagine" hace referencia no sólo al estofado clásico de Marruecos, sino también a las cazuelas de barro, con su distintiva tapadera apuntada, en las que se guisa este plato.

tagine de cordero con membrillo

1,5 kg (3 lb 5 oz) de paletilla de cordero, cortada en trozos de 3 cm (1¼ pulg.)
2 cebollas grandes troceadas
½ ct de jengibre molido
½ ct de pimienta cayena
¼ ct de hebras de azafrán pulverizadas
1 ct de cilantro molido
1 rama de canela
25 g (½ taza) de cilantro picado
40 g (1½ oz) de mantequilla
500 g (1 lb 2 oz) de membrillos, sin corazón, pelados y cortados en cuartos
100 g (3½ oz) de orejones de melocotón
ramitas de cilantro

Poner el cordero en una cazuela refractaria de base reforzada. Añadir la mitad de la cebolla troceada, el jengibre, la pimienta cayena, el azafrán, el cilantro molido, la rama de canela, el cilantro y un poco de sal y pimienta. Cubrir con agua fría y llevar a ebullición a fuego medio. Reducir el fuego y dejar que hierva a fuego lento, parcialmente tapado, durante 1 h.

Mientras se hace el cordero, fundir la mantequilla en una sartén de base reforzada y rehogar el resto de la cebolla y los membrillos a fuego medio hasta que estén ligeramente dorados, aproximadamente durante 15 min.

Añadir los membrillos y los melocotones al cordero, y cocinar a fuego lento durante otra ½ h. Probar la salsa y salpimentar si fuera necesario. Poner en un plato caliente y espolvorear con ramitas de cilantro. Servir con cuscús o arroz.

Para 4-6 personas.

osso bucco con tomate

10 discos de morcillo trasero,
de unos 4 cm (1½ pulg.)
de grosor
harina de trigo salpimentada
3 cs de aceite de oliva
60 g (2¼ oz) de mantequilla
1 diente de ajo
1 zanahoria pequeña picada finamente
1 cebolla grande picada finamente
medio tallo de apio picado finamente
250 ml (1 taza) de vino blanco seco
375 ml (1½ tazas) de caldo
de ternera o pollo
400 g (14 oz) de tomates enteros
enlatados, troceados
1 *bouquet garni*

Para que los discos de morcillo conserven la forma, atar un hilo alrededor de su contorno y enharinarlos con la harina salpimentada. Conseguir una cazuela grande en la que quepan los discos en una sola capa. Calentar el aceite, la mantequilla y el ajo en ella antes de añadir los discos. Rehogar hasta que estén bien dorados, aproximadamente durante 15 min. Sacar el morcillo de la sartén y reservar. Desechar el ajo.

Añadir la zanahoria, la cebolla y el apio a la cazuela, y rehogar a fuego medio durante 5 min., sin dejar que se dore. Subir el fuego, agregar el vino y cocinar durante unos minutos para que se evapore el alcohol. Añadir el caldo, los tomates y el *bouquet garni*. Sazonar.

Volver a poner los discos de morcillo en la cazuela, colocándolos de pie en una sola capa. Tapar, reducir el fuego y cocinar a fuego lento durante 1 h. o hasta que la carne esté lo bastante tierna para partirla con un tenedor.

Si te gusta la salsa sabrosa y espesa, sacar la carne de la cazuela y subir el fuego. Cocer la salsa hasta que espese a tu gusto, y luego volver a poner la ternera en la cazuela para que se caliente. Desechar el *bouquet garni* y sazonar al gusto.

Para 4 personas.

Éste es uno de los guisos más sabrosos que se pueden preparar metiendo todos los ingredientes en una cazuela y cocinándolos hasta la perfección.

Cortar una gran porción de este pudin, regar con un poco de salsa y servir con bolas de helado que se derretirán y formarán charcos de nata.

pudin de chocolate

un poco de mantequilla sin sal fundida
50 g (1³/4 oz) de mantequilla sin sal
troceada
70 g (2¹/2 oz) de chocolate negro
de calidad, troceado
125 ml (¹/2 taza) de leche
125 g (1 taza) de harina de fuerza
4 cs de cacao en polvo
145 g (2/3 taza) de azúcar extrafino
1 huevo batido ligeramente
115 g (¹/2 taza) de azúcar moreno
azúcar glas

Engrasar ligeramente una fuente refractaria de 2 l (8 tazas) con la mantequilla fundida. Poner la mantequilla troceada, el chocolate y la leche en un cazo pequeño y remover a fuego medio hasta que la mantequilla y el chocolate se fundan en una salsa brillante. Apartar el cazo del fuego y dejar que se enfríe ligeramente.

Tamizar la harina y 2 cs de cacao, y añadir al preparado de chocolate junto con el azúcar extrafino y el huevo, removiendo hasta que se mezclen. Verter en la fuente preparada. Tamizar el resto del cacao por encima del pudin y espolvorear con el azúcar moreno. Verter 560 ml (2¹/4 tazas) de agua hirviendo sobre el dorso de una cuchara (esto impide que el agua haga agujeros en la mezcla del pastel) por encima del pudin. Hornear a 180 °C (350 °F/Gas 4) hasta que el pudin esté firme al tacto, aproximadamente 40 min. Dejar reposar un par de minutos antes de espolvorear con azúcar glas. Servir con abundante nata o bolas generosas de helado de vainilla.
Para 6 personas.

pudin especial de cruasán y chocolate

4 cruasanes partidos en trozos
100 g (3½ oz) de chocolate negro, troceado
4 huevos
4 cs de azúcar extrafino
250 ml (1 taza) de leche
250 ml (1 taza) de nata
½ ct de corteza de naranja rallada
4 cs de zumo de naranja
2 cs de avellanas troceadas

Engrasar ligeramente la base y las paredes de un molde hondo de 20 cm (8 pulg.) y forrar la base con papel de horno. Poner los trozos de cruasán en el molde y saltear con trocitos de chocolate.

Batir los huevos y el azúcar hasta obtener un preparado pálido y cremoso.

Calentar la leche y la nata en una cazuela hasta que casi rompan a hervir, y luego apartar del fuego. Incorporar poco a poco al preparado de huevo, removiendo constantemente. Añadir la corteza de naranja y el zumo, y remover bien. Verter lentamente la mezcla por encima de los cruasanes, dejando que el líquido se absorba antes de añadir más.

Espolvorear la parte superior con avellanas y hornear a 180 °C (350 °F/Gas 4) hasta que al clavar un pincho en el centro, salga limpio; se precisarán unos 45 min. Dejar enfriar durante 10 min. Deslizar un cuchillo alrededor del borde, dar la vuelta y desmoldar. Poner un poco en un plato y servir templado. (Consejo: Está delicioso con mucha nata.)

Para 6-8 personas.

¿Quién dijo que los cruasanes son sólo para el desayuno? Y, ¿por qué comerlos con mantequilla y mermelada cuando podemos empaparlos en chocolate y nata? La prueba está en el pudin.

El contraste de texturas
del dulce y fresco ruibarbo
y la cobertura crujiente
y mantecosa te nublará
los sentidos.

crumble de ruibarbo y bayas

850 g (1 lb 14 oz) de ruibarbo cortado en trozos de 2,5 cm (1 pulg.)
150 g (5 1/2 oz) de moras negras
1 ct de corteza de naranja rallada
230 g (1 taza) de azúcar extrafino
125 g (1 taza) de harina de trigo
100 g (1 taza) de almendras molidas
1/2 ct de jengibre molido
150 g (5 1/2 oz) de mantequilla sin sal refrigerada, cortada en dados

Llevar a ebullición una cazuela con agua, añadir el ruibarbo y cocer hasta que esté tierno. Escurrir bien y mezclar con las bayas, la corteza de naranja y 4 cs de azúcar extrafino. Probar y añadir un poco más de azúcar si fuera necesario. Poner la mezcla de fruta en una bandeja refractaria ligeramente engrasada de 1,5 l (6 tazas) de capacidad. Para hacer la cobertura, mezclar la harina, las almendras molidas, el jengibre y el resto del azúcar. Incorporar la mantequilla a la mezcla de harina y mezclar con las manos hasta obtener algo parecido a migas de pan grandes. Espolvorear este preparado por encima de la fruta, presionando ligeramente. No apretar demasiado sobre la fruta o quedará plano.
Poner la fuente sobre una bandeja de horno y hornear a 180 °C (350 °F/Gas 4) hasta que la cobertura esté dorada y la base de fruta burbujee. Dejar reposar un poco y luego servir con nata o helado de vainilla.
Para 4 personas.

Ideal para beber acurrucado frente al fuego en compañía de un amigo.

vino caliente con especias

12 clavos, clavados en dos naranjas
2 limones cortados en rodajas finas
3 cs de azúcar
1 nuez moscada entera, rallada
4 ramas de canela
750 ml (3 tazas) de vino tinto

Poner las naranjas, las rodajas de limón, el azúcar, la nuez moscada, la canela y 500 ml (2 tazas) de agua en una cazuela. Llevar a ebullición y luego reducir el calor; tapar y cocer a fuego lento durante 20 min. Dejar enfriar y colar en un cuenco.

Verter el líquido especiado en una cazuela limpia, agregar el vino y calentar hasta que casi rompa a hervir: no dejar que hierva o se evaporará el alcohol. Servir en copas que resistan el calor.

Para 6 personas.

Algunas personas defienden las propiedades medicinales del toddy caliente… pero, ¿alguien necesita una excusa para tomarlo?

toddy caliente

1 cs de azúcar moreno
4 rodajas de limón
4 ramas de canela
12 clavos enteros
125 ml (1/2 taza) de whisky

Poner el azúcar, las rodajas de limón, la canela, los clavos, el whisky y 1 l (4 tazas) de agua hirviendo en una jarra refractaria. Remover bien y dejar que infunda durante unos minutos.

Colar en la jarra de servir. Probar un poco por si necesitara más azúcar. Servir en copas que resistan el calor.

Para 4 personas.

cremoso
comidas que acarician

El desayuno servido en vaso.

smoothie bananarama

1 plátano grande troceado
2 cs de yogur natural
250 ml (1 taza) de leche
miel (opcional)
nuez moscada

Poner el plátano, el yogur y la leche en una batidora de vaso y batir hasta obtener una mezcla suave y cremosa. Probar un poco y añadir algo de miel si fuera necesario. Verter en vasos altos. Como toque final, espolvorear un poquito de nuez moscada.
Para 1 persona.

Sirve este batido de chocolate al estilo de los años 50 en un recipiente alto de aluminio con una pajita a rayas.

batido de doble chocolate

250 ml (1 taza) de leche chocolateada
4 bolas de helado de chocolate
chocolate rallado

Procesar la leche y el helado en una batidora de vaso hasta que obtener un batido suave y "chocolatoso". Verter en vasos refrigerados y decorar con chocolate rallado.
Para 2 personas.

Huevos dorados y soleados con lonchas de jamón salado empapados en una salsa sabrosa… El desayuno de tus sueños.

huevos benedict

Para la salsa holandesa:
175 g (6 oz) de mantequilla
4 yemas de huevo
2 cs de agua
1 ct de vinagre al estragón

4 rebanadas gruesas de pan de centeno
8 lonchas de jamón de York
1 cs de vinagre
8 huevos muy frescos

El secreto de unos buenos huevos benedict es la salsa holandesa. Para hacerla, fundir la mantequilla en un cazo y pasarla a una jarra. Poner las yemas de huevo, el agua y el vinagre en un robot de cocina o batidora de vaso y, con el motor en marcha, añadir poco a poco la mantequilla fundida. Procesar hasta obtener una salsa espesa, cremosa y mantecosa.

Tostar el pan y cubrir con el jamón en lonchas.

Pochar los huevos puede ser un tanto complicado, pero aunque los huevos no salgan perfectos, se pueden camuflar con la salsa holandesa. Siguiendo este método y empleando huevos muy frescos, no deberían surgir problemas. Llenar de agua hasta la mitad una sartén honda y calentar hasta que comiencen a formarse burbujas en la base de la sartén. Añadir el vinagre, que ayudará a cuajar la clara. Cascar los huevos, uno por uno, en un plato y echarlos con cuidado en la sartén. Pocharlos hasta que la clara cuaje alrededor de la yema, aproximadamente durante 3 min.

Poner dos huevos pochados encima de cada tostada con jamón y regar con la salsa holandesa.

Para 4 personas.

ensalada cremosa de patata

4 patatas grandes cortadas en dados
3 tallos de apio cortados
en dados pequeños
1 pimiento rojo cortado en dados pequeños
1 cs de aceite de oliva
4 cs de mahonesa
el zumo de un limón
1 1/2 cs de perejil picado

Poner las patatas en una cazuela grande, cubrir con agua fría y cocer durante 15 min. o hasta que estén tiernas. No dejar que hiervan demasiado: deben estar bien hechas pero firmes. Refrescar bajo un chorro de agua fría y escurrir. Mantener las patatas calientes porque supone una gran diferencia al aliñar la ensalada: las patatas absorben mejor el aliño cuando están templadas. Poner la patata, el apio y el pimiento en un cuenco, añadir el aceite de oliva, la mahonesa, el zumo de limón y el perejil, y remover hasta que la patata se recubra en el aliño. Antes de servir, aderezar con sal y pimienta negra recién molida.
Para 4 personas.

A todo el mundo le gusta la ensalada de patata. Esta versión cremosa hará las delicias de los amantes de las ensaladas untuosas.

Tan parecido a un puré básico… La crema agria aporta una riqueza de sabor que lo eleva a lo sublime.

puré de patatas nada ordinario

1 kg (2 lb 4 oz) de patatas Desirée cortadas en cuartos
2-3 cs de mantequilla
185 g (3/4 taza) de crema agria

Cocer las patatas en una cazuela grande con agua durante 12 min. o hasta que estén blandas. Escurrir y volver a poner al fuego, moviendo la cazuela a fin de eliminar el agua. Añadir la mantequilla y la crema agria, y aplastar hasta obtener un puré suave y sin grumos. Sazonar al gusto.
Para 4 personas.

Este puré con queso y ajo posee una textura intrigante.

aligot

800 g (1 lb 12 oz) de patatas harinosas,
cortadas en trozos de igual tamaño
70 g (2¹/2 oz) de mantequilla
2 dientes de ajo machacados
3 cs de leche
300 g (10¹/2 oz) de queso Cantal
o Cheddar suave rallado

Cocer las patatas en agua hirviendo con sal
hasta que estén tiernas, aproximadamente
durante 25 min. Mientras tanto, fundir la
mantequilla y añadir el ajo.
Hacer puré las patatas y pasarlas por un
pasapuré para lograr una textura suave.
Volver a poner en la cazuela a fuego lento
y añadir la mantequilla con ajo y la leche.
Mezclar bien e incorporar el queso, puñado a
puñado. Cuando se haya fundido, la mezcla
será gomosa y brillante. Sazonar.
Para 4 personas.

Servir la carbonara con abundante pan crujiente para mojar toda la salsa espesa y cremosa que queda en el fondo del plato.

espagueti a la carbonara

400 g (14 oz) de espagueti
2 huevos
2 yemas de huevo
60 g (2¼ oz) de queso parmesano rallado,
y algo más para servir
2 cs de aceite de oliva
30 g (1 oz) de mantequilla
2 dientes de ajo partidos
200 g (7 oz) de panceta cortada en tiras

Cocer la pasta en una cazuela grande con agua hirviendo con sal hasta que esté *al dente*.

Mientras tanto, mezclar los huevos, las yemas de huevo y el parmesano en un cuenco. Salpimentar ligeramente.

Calentar el aceite y la mantequilla en una sartén grande y, cuando comience a chisporrotear, rehogar el ajo y la panceta hasta que ésta esté crujiente. Desechar el ajo cuando se dore: habrá cumplido su función aportando una delicada fragancia.

Cuando los espagueti estén hechos, escurrir bien, echarlos en la sartén y remover bien. Apartar la sartén del fuego y verter la mezcla de huevo: el calor de la pasta cocinará el huevo y se obtendrá una salsa que recubre cada hebra de espagueti. Servir inmediatamente con mucho parmesano rallado y un poco de pimienta negra.

Para 4 personas.

pollo indio con mantequilla

1 trozo de jengibre fresco de 2 cm
(3/4 pulg.) picado grueso
3 dientes de ajo picados grueso
70 g (2 1/2 oz) de almendras blanqueadas
150 ml (5 fl oz) de yogur natural
1/2 ct de chile en polvo
1/4 ct de clavos molidos
1/4 ct de canela molida
1 ct de garam masala
4 vainas de cardamomo machacadas
ligeramente
400 g (14 oz) de tomates enlatados
troceados
1 kg (2 lb 4 oz) de filetes de muslo de pollo
deshuesados y sin piel, cortados
en trozos grandes
5 ct de ghee o mantequilla clarificada
1 cebolla grande cortada en rodajas finas
6 cs de hojas de cilantro picadas finamente
4 cs de nata doble

Preparar una especie de pasta con el jengibre y el ajo: procesar en un robot de cocina o machacar en el mortero. A continuación, moler las almendras: se necesitará un robot de cocina para hacer esto. Poner la pasta y las almendras en un cuenco junto con el yogur, el chile en polvo, los clavos, la canela, el garam masala, las vainas de cardamomo, los tomates y 1 1/4 ct de sal; mezclar con un tenedor. Añadir los trozos de pollo y untarlos bien. Tapar y marinar en el frigorífico 2 h. o durante la noche si se dispone de tiempo. Calentar la ghee en una sartén honda de base reforzada, añadir la cebolla y freír hasta que se ablande y dore. Incorporar la mezcla de pollo y freír durante 2 min. Agregar el cilantro. Poner en una fuente de horno poco honda, añadir la crema y remover bien. Hornear durante 1 h. a 180 °C (350 °F/Gas 4). Si la parte de arriba se dora demasiado deprisa, cubrir con papel de aluminio. Dejar reposar durante 10 min.: descubrirás que el aceite sube a la superficie. Justo antes de servir, poner al grill para que se dore la parte superior. Una vez dorada, inclinar ligeramente la fuente y retirar con una cuchara todo el aceite que haya subido a la superficie.
Para 6 personas.

Si India tiene un plato reconfortante, seguramente sea éste. Calma todos los males con su combinación de apetitosos trozos de pollo cocinados en una salsa cremosa y aromática.

Cuando hace demasiado calor para tomar café o té, pero no puedes sobrevivir sin un "lingotazo" de cafeína, el café helado viene al rescate.

café helado

5 yemas de huevo
115 g (½ taza) de azúcar
500 ml (2 tazas) de leche
125 ml (½ taza) de café expreso
recién hecho
1 cs de Tía María

Batir las yemas de huevo y la mitad del azúcar hasta obtener una masa pálida y cremosa. Verter la leche y el café en una cazuela, añadir el resto del azúcar y llevar a ebullición. A continuación, incorporar al preparado de huevo y batir. Volver a echar en la cazuela y cocer a fuego lento, removiendo constantemente hasta que la mezcla esté lo bastante espesa para recubrir el dorso de una cuchara de madera, teniendo cuidado de que no rompa a hervir.

Colar las natillas en un cuenco y dejar enfriar sobre hielo antes de añadir el Tía María.

Para transformar las natillas en helado, se puede utilizar máquina heladera o el método tradicional. Si se dispone de máquina, seguir las instrucciones del fabricante. De no ser así, verter la mezcla en un recipiente de plástico para congelados, tapar y congelar. Remover cada 30 min. con un batidor de varillas para romper los cristales de hielo y lograr una mejor textura. Conservar en el congelador hasta que esté listo para servir.

Para 6 personas.

crème brûlée

750 ml (3 tazas) de nata
2 granos de vainilla
8 yemas de huevo
115 g (1/2 taza) de azúcar
3 ct de azúcar

Calentar la nata y los granos de vainilla en una cazuela hasta que esté a punto de romper a hervir. Apartar la cazuela del fuego durante 1/2 h. para que la vainilla infunda su sabor a la nata. Sacar los granos de vainilla.

Batir las yemas de huevo y el azúcar en un cuenco grande hasta obtener una masa espesa y pálida. Añadir la crema de vainilla y verter todo en una cazuela limpia a fuego lento. Remover hasta que espese ligeramente: lo bastante para que recubra el dorso de una cuchara. No dejar que hierva o se harán grumos. Apartar del calor y repartir en seis ramekines, o moldes individuales, de 170 ml (5 1/2 fl oz). Cubrir con film transparente y refrigerar un mínimo de 3 h. o durante toda la noche si se dispone del tiempo.

Justo antes de servir, precalentar el grill. Espolvorear una capa de azúcar de unos 3 mm (1/8 pulg.) de grosor por encima de la superficie de las *brûlées*. Dejar reposar los moldes en una bandeja de horno grande y rodear con hielo para evitar que las natillas se calienten. Poner al grill o calentar el azúcar con un minisoplete hasta que caramelice el azúcar y forme costra. Refrigerar las *brûlées* hasta el momento de servir, pero no más de 1 h. o la corteza se ablandará.

Para 6 personas.

Si deseas añadir un toque teatral a los preparativos, utiliza un soplete para caramelizar la costra de azúcar.

Hay ocasiones en que te conformas con una simple mousse de chocolate y otras en que nada te complace salvo una doble ración de chocolate.

mousse de doble chocolate

250 g (9 oz) de chocolate blanco fundido
90 g (3¼ oz) de chocolate negro
de calidad troceado
15 g (½ oz) de mantequilla sin sal
2 huevos separados
250 ml (1 taza) de nata montada

Lo primero es preparar moldes de chocolate blanco para poner la mousse. Recortar seis cuadrados de papel de horno de 16 cm (6½ pulg.). Trabajando de uno en uno, extender seis círculos de chocolate blanco fundido sobre el papel. Forrar el interior de un vaso o molde con los trozos de papel, con el chocolate hacia arriba. Cuando haya endurecido, retirar con cuidado el papel de horno y refrigerar los moldes de chocolate.

Para hacer la mousse, fundir el chocolate negro con la mantequilla al baño María o meter en el microondas durante 1 min. a potencia máxima (100%), removiendo pasados 30 seg. Añadir las yemas de huevo y dejar enfriar. Agregar la mitad de la nata. Batir las claras de huevo a punto de nieve e incorporar a la mousse poco a poco hasta que esté bien mezclado. Añadir el resto de la nata. Echar con una cuchara la mousse en los moldes de chocolate y refrigerar durante varias horas antes de servir.

Para 6 personas.

tarta de queso neoyorquina

60 g (1/2 taza) de harina de fuerza
125 g (1 taza) de harina
3 cs de azúcar extrafino
1 ct de corteza de limón rallada
80 g (2³/4 oz) de mantequilla sin sal troceada
1 huevo
nata montada, para servir

Para el relleno:
750 g (1 lb 10 oz) de crema de queso, reblandecida
230 g (1 taza) de azúcar extrafino
3 cs de harina
2 ct de corteza de naranja rallada
2 ct de corteza de limón rallada
4 huevos
170 ml (2/3 taza) de nata montada

Procesar brevemente las harinas, el azúcar, la corteza de limón y la mantequilla en un robot de cocina hasta que esté grumoso. Añadir el huevo y, una vez más, procesar hasta que la mezcla se una. Volcar sobre una superficie ligeramente enharinada y formar una bola. Envolver en film transparente y refrigerar 20 min. o hasta que la masa esté firme. Engrasar ligeramente un molde desmontable de 23 cm (9 pulg.). Extender la masa entre dos hojas de papel de horno hasta que sea lo bastante grande para cubrir la base y paredes del molde. Forrar con ella el molde y recortar los bordes. Cubrir la masa con papel de horno y unas alubias. Hornear a ciegas durante 10 min. a 210 °C (415 °F/Gas 6-7) y luego retirar las alubias y el papel. Aplanar la masa ligeramente con el dorso de una cuchara y hornear otros 5 min. Dejar enfriar.

Para hacer el relleno, reducir la temperatura del horno a 150 °C (300 °F/Gas 2). Batir la crema de queso, el azúcar, la harina y las cortezas ralladas hasta obtener una pasta suave. Incorporar los huevos, de uno en uno, y luego la nata. Verter en el molde forrado con pasta y hornear hasta que casi haya cuajado, aproximadamente 1 1/2 h. Apagar el horno y dejar enfriar con la puerta abierta. Cuando esté fría, refrigerar en el frigorífico. Decorar con nata montada y servir.
Para 10-12 personas.

Afortunadamente, hay mejores maneras de aplacar el deseo de tarta de queso que con un trozo de esas detestables creaciones cubiertas con gelatina roja. Opta por la versión auténtica, sabrosa y densa.

La panna cotta, o "nata cocinada" italiana, es una especie de natillas suaves y sedosas. La salsa de bayas de color rubí combina a la perfección con este dulce postre blanco como la leche.

panna cotta con salsa rubí

750 ml (3 tazas) de nata
3 ct de gelatina
1 grano de vainilla
4 cs de azúcar extrafino

Para la salsa rubí:
230 g (1 taza) de azúcar extrafino
1 rama de canela
125 g de frambuesas (utilizar frutos
congelados si no es temporada)
125 ml (1/2 taza) de vino tinto de calidad

Poner 3 cs de nata en un cuenco pequeño, espolvorear la gelatina en una capa uniforme por encima de la superficie y dejar que se vuelva suave y esponjosa.

Poner el resto de la nata en una cazuela junto con el grano de vainilla y el azúcar, y calentar sin dejar de remover hasta que casi rompa a hervir. Apartar del fuego y añadir la gelatina al preparado de nata hasta que se disuelva. Repartir con una cuchara la mezcla cremosa en seis ramekines, o moldes individuales, de 150 ml (5 fl oz) y refrigerar hasta que cuaje, aproximadamente durante 2 h. Para desmoldar, pasar un paño mojado en agua caliente por el exterior del molde y volcar sobre un plato.

Mientras se enfría la panna cotta, preparar la salsa rubí. Poner el azúcar junto con 250 ml (1 taza) de agua en una cazuela a fuego medio hasta que el azúcar se disuelva por completo (no dejar que hierva). Añadir la rama de canela y cocer a fuego lento durante 5 min. Añadir las frambuesas y el vino, y llevar de nuevo a ebullición durante 5 min. Sacar la rama de canela y pasar la salsa por un colador o tamiz para eliminar las semillas. Dejar enfriar, refrigerar en el frigorífico antes de servir con la *panna cotta*.

Para 6 personas.

salado
sabores que persisten

Comienza el fin de semana con una generosa montaña de fritos. El inicio ideal en esas mañanas en que tus recuerdos de la noche anterior están algo borrosos…

fritos de maíz con jamón serrano crujiente

8 tomates pera maduros cortados a la mitad
140 g (1/2 taza) de chutney de tomate picante
185 g (1 1/2 tazas) de harina de fuerza
75 g (1/2 taza) de polenta (harina de maíz)
1 ct de azúcar
1 huevo batido ligeramente
375 ml (1 1/2 tazas) de suero de leche
2 mazorcas de maíz, con los granos sacados, o 410 g (14 oz) de granos de maíz enlatados, escurridos
4 cebolletas picadas
2 cs de cebollinos partidos
3 cs de queso parmesano rallado
4 cs de aceite de oliva
12 lonchas finas de jamón serrano
hojas de chirivía

Extender los tomates en una bandeja de horno antiadherente, salpimentar y hornear a 200 °C (400 °F/Gas 6) hasta que estén tiernos, aproximadamente durante 30 min. Picar los tomates y mezclar con el chutney.

Tamizar la harina, la polenta y el azúcar en un cuenco grande y añadir el huevo y el suero mezclados hasta obtener una masa suave. Incorporar el maíz, las cebolletas, los cebollinos y el parmesano, procurando distribuirlos bien en la masa. Probar un poco y salpimentar al gusto.

Calentar el aceite en una sartén antiadherente y echar en la sartén 3 cs de masa por frito. Freír los fritos un par de minutos: están listos para dar vuelta cuando aparecen burbujas en la superficie. Hacer por el otro lado hasta que se doren. Continuar haciendo los fritos hasta emplear toda la masa. Mantener calientes los fritos ya hechos: apilarlos en un plato dentro del horno templado.

Para el paso final, freír el jamón hasta que esté crujiente. Servir montones de fritos regados con chutney de tomate y coronados con jamón serrano y hojas de chirivía.
Para 4 personas.

bagels con salmón ahumado

4 bagels de trigo o centeno
100 g (3 1/2 oz) de crema de queso Neufchâtel
200 g (7 oz) de salmón ahumado en lonchas
2 cebolletas picadas
2 tomates pera picados finamente
2 cs de alcaparritas
2 cs de eneldo picado finamente
2 cs de zumo de limón
1 cs adicional de aceite de oliva

Abrir los bagels por la mitad y untar la base con crema de queso. Cubrir con el salmón ahumado.
Poner en un cuenco las cebolletas, los tomates, las alcaparras, el eneldo, el zumo de limón y el aceite de oliva, y mezclar bien. Poner unas cucharadas de este mezcla sobre el salmón y servir.
Para 4 personas.

Los neoyorquinos pueden comprar bagels rellenos en cada esquina. El resto de nosotros tenemos que prepararlos. Adquiere bagels brillantes, rellénalos con crema de queso y salmón ahumado, y disfruta de un "momento Gran Manzana".

No se trata de un sandwich corriente, sino de una sabrosa combinación que rebosa queso y mantequilla, y desprende un sabor ahumado y salado. Disfrútalo como recompensa a todos esos días de ensalada y pan de centeno.

sandwich de jamón ahumado, huevo y queso Jarlsberg

1 hogaza de pan blanco cortada en
rebanadas de 2 cm (3/4 pulg.)
3 cs de mostaza de Dijon
1 cs de aceite vegetal
4 huevos
300 g (10 1/2 oz) de jamón ahumado
en lonchas finas
150 g (5 1/2 oz) de queso Jarlsberg o suizo
en lonchas finísimas
50 g (1 3/4 oz) de mantequilla
reblandecida

Para empezar, untar las ocho rebanadas de
pan con la mostaza.
Calentar el aceite en una sartén
antiadherente, añadir los huevos y freír
hasta que estén hechos al gusto (suaves en el
centro es lo mejor). Cubrir cuatro rebanadas
de pan con una loncha de jamón, un huevo y
un poco de queso, y luego tapar con la otra
rebanada.
Untar de mantequilla el exterior de cada
sandwich, por arriba y por abajo. Calentar
una sartén a fuego medio y hacer los
sandwiches por tandas, colocando un
plato encima para aplastarlos ligeramente,
hasta que estén crujientes y tostados por
ambos lados. Están hechos cuando el queso
comience a fundirse y a rebosar por los lados.
Servir inmediatamente para disfrutar de la
"sabrosura" mientras está caliente.
Para 4 personas.

bocadillo mediterráneo

4 tomates de viña pequeños cortados a la mitad
1 cabeza de ajo partida en dos
1 cs de aceite de oliva virgen extra
sal marina
3 cs de hojas de albahaca
1 barra de pan cocido al horno de leña
8 lonchas de queso provolone
8 lonchas de mortadela
120 g (1 ramito) de ruqueta
aceite de oliva virgen extra, adicional
vinagre balsámico

Poner los tomates y el ajo en una fuente para asar y regar con el aceite. Espolvorear con sal marina y pimienta negra recién molida, y asar a 200 °C (400 °F/Gas 6) hasta que el ajo se ablande y desprenda aroma, y los tomates estén ligeramente secos, aproximadamente 40 min. Añadir las hojas de albahaca y volver a meter al horno otros 5 min. para que se vuelvan crujientes.

Cortar cuatro rebanadas gruesas de pan y tostar ligeramente por ambos lados. Pelar los ajos y extender la mitad sobre las tostadas: el sabor será suave y agradable. Cubrir con el provolone, la mortadela, la ruqueta, la albahaca crujiente y los tomates asados. Untar el resto del ajo en la otra rebanada, regar con el aceite y el vinagre, y servir mientras aún esté caliente.

Para 4 personas.

Algo glorioso ha ocurrido en el panorama de los sanwiches y bocadillos en los últimos años… Con tantos panes diferentes y tanta variedad de condimentos, se han convertido en un plato para apreciar y saborear.

Una fabulosa comida de fin de semana cuando necesitas rejuvenecer las papilas gustativas con algo fresco.

spaghettini con espárragos y rúcula

100 ml (3 1/2 fl oz) de aceite de oliva virgen extra

16 espárragos finos cortados en trozos de 5 cm (2 pulg.)

375 g (13 oz) de spaghettini

120 g (1 ramito) de rúcula cortada en tiras

2 chiles rojos pequeños picados finamente

2 cs de corteza de limón rallada

1 diente de ajo picado finamente

100 g (1 taza) de queso parmesano rallado

2 cs de zumo de limón

El primer paso es cocer los espárragos: el objetivo es cocerlos sin que se deshagan. Llevar a ebullición una cazuela grande con agua. Añadir 1 cs de aceite y una pizca de sal al agua, y blanquear los espárragos durante 3 ó 4 min. Sacar los espárragos del agua con una espumadera y refrescarlos bajo un chorro de agua fría para detener la cocción. Escurrir y poner en un cuenco grande.

Llevar de nuevo a ebullición el agua de la cazuela y añadir los spaghettini. Cocer la pasta hasta que esté *al dente*. Escurrir y volver a poner en la cazuela.

Mientras la pasta se está cociendo, añadir la rúcula, el chile, la corteza de limón, el ajo y casi todo el parmesano a los espárragos; mezclar bien con las manos.

Añadir los espárragos con queso a la pasta, verter el zumo de limón y el resto del aceite de oliva, y salpimentar. Remover bien y repartir entre cuatro platos, espolvorear el resto de parmesano y servir.

Para 4 personas.

Uno de los grandes placeres líquidos de la vida… y el colofón perfecto para un día agotador.

margarita de fresa

una rodaja de limón o lima
sal
1 taza de hielo picado
30 ml (1 fl oz) de tequila
30 ml (1 fl oz) de licor de fresa
15 ml (1/2 fl oz) de Cointreau
30 ml (1 fl oz) de refresco de lima
30 ml (1 fl oz) de zumo de limón
5 fresas maduras
fresas, para decorar

Deslizar una rodaja de limón o lima por el borde de una copa de cóctel y luego untar el borde en un platito lleno de sal.

Poner el hielo, el tequila, el licor de fresa, el Cointreau, el refresco de lima, el zumo de limón y las fresas en una batidora de vaso. Procesar hasta que la mezcla adquiera la consistencia de granizado y luego verter en la copa. Decorar con la fresa más hermosa que encuentres.

Para 1 persona.

No hay margarita completa sin su borde nevado de sal.

margarita clásica

una rodaja de limón o lima	Deslizar una rodaja de limón o lima por el
sal	borde de una copa de cóctel y luego untar el
cubitos de hielo	borde en un platito lleno de sal.
3 cs de tequila	Llenar hasta la mitad de hielo una coctelera.
3 cs de Cointreau	Echar el tequila, el Cointreau, el zumo de
3 cs de zumo de limón o lima	limó o lima, y agitar bien. Colar en una copa
	de cóctel con costra de sal.
	Para 1 persona.

tabla de entrantes

Hoy en día hay tal variedad de artículos preparados a la venta en delicatessens y supermercados que preparar una gran tabla de antipasto ya no es ningún desafío. Puedes elegir una selección totalmente vegetariana o preparar un variado de verduras, carne y marisco en una tabla de antipasto de lo más variada y colorida.

El aspecto es muy importante, así que escoge una tabla grande o varios platos y cuencos pequeños: evita amontonar la comida o dejará de ser apetitosa. Si los alimentos tienen distintas hierbas y aromas, deberían servirse en cuencos individuales para que no se mezclen los sabores. Acompañar el antipasto con abundante pan y grisines, así como con aceite de oliva virgen extra y zumos de limón para el aliño. Y, por último, no te olvides de colocar cuencos pequeñitos para los huesos de las aceitunas y los palillos usados.

Aceitunas y verduras

Las aceitunas son obligatorias. La elección es tuya: grandes y gordas, jugosas Kalamatas, pequeñas olivas de Liguria o las clásicas verdes en salmuera o marinadas.

También es amplia la selección de verduras: corazones de alcachofa marinados, tomates asados al horno o secados al sol, pimientos rojos asados, rodajas de berenjena o calabacín, champiñones marinados, cebollitas caramelizadas asadas y espárragos blanqueados.

Embutidos

Ninguna tabla de antipasto está completa sin embutidos italianos loncheados como salami, prosciutto (jamón serrano), mortadela, jamón o pepperoni. Es recomendable comprar siempre embutidos de calidad: cuanto más fresca sea la carne, mejor será su sabor. El embutido se sirve con acompañamientos fuertes como alcaparritas y aceitunas, que contrarrestan la grasa, o con fruta dulce como higos y melón, que realza su sabor. Conviene cortar el embutido de distintas formas para aumentar el atractivo visual: unos en sentido longitudinal, otros en rodajas redondas y otros en dados. Colocar el embutido en una bandeja o tabla, doblando unas lonchas y enrollando otras. Servir a temperatura ambiente: el embutido sacado directamente del frigorífico tiene menos sabor.

Marisco

Una selección de marisco puede animar una tabla de antipasto. En general, lo único que hay que hacer es aderezar con zumo de limón y perejil picado (y tal vez un poco de ajo picado). Hay anchoas saladas, tiernos mejillones, anillas de calamar y atún asado. Si se adquiere pescado marinado en tarros o latas, lavar y secar con papel de cocina. Al elegir anchoas y sardinas, elegir las conservadas en sal o aceite de oliva en lugar de en aceite vegetal. Es mejor comprar las gambas y langostinos cocidos con cáscara y pelarlos en casa o, si se prefiere, comprarlos crudos y cocerlos en casa.

Salsa

Es aconsejable servir mucha salsa para untar. Las que mejor van con pan son: pesto (el tradicional de albahaca o de tomates secados al sol), tapenade picante, puré de alcachofas o pasta porcini.

Queso

Seguramente desees incluir uno o dos quesos en la tabla de antipasto. Algunos ejemplos son: mozzarella, bocconcini, gorgonzola, fontina, provolone y pecorino.

Un chorrito de zumo de limón fresco contrarresta el sabor salado y fuerte característico del haloumi frito.

haloumi frito

400 g (14 oz) de queso haloumi
aceite de oliva
2 cs de zumo de limón

En primer lugar, secar el haloumi con papel de cocina y cortar en lonchas de 1 cm (1/2 pulg.).

A continuación, poner el aceite de oliva en una sartén grande de 5 mm (1/4 pulg.) de profundidad y calentar a fuego medio. Añadir el queso y freír hasta que se dore: bastará con 1 min. por cada lado. Apartar la sartén del fuego y verter el zumo de limón por encima del queso. Añadir pimienta negra recién molida. Servir el haloumi directamente de la sartén o colocarlo en una fuente con pan crujiente para mojar los deliciosos jugos de limón y aceite de oliva.

Para 6 personas como aperitivo.

vieiras con queso de cabra y jamón serrano crujiente

4 lonchas finas de jamón serrano
16 vieiras en su concha, limpias de barbas
2-3 cs de aceite de oliva virgen extra
1 cs de perejil de hoja plana (italiano) picado
1/2 ct de sal marina
100 g (3 1/2 oz) de queso de cabra desmigado
2 cs de vinagre balsámico envejecido

Freír el jamón serrano hasta que esté crujiente y luego escurrir sobre papel de cocina antes de partir en trocitos.

Extender las vieiras (todavía en sus conchas) en dos bandejas de horno. Preparar un aceite aromático mezclando en un cuenco pequeño el aceite y el perejil con un poco de sal y de pimienta negra recién molida. Untar con una brocha las vieiras con el preparado aceitoso. El secreto de las vieiras es cocinarlas muy poco tiempo hasta que estén tiernas: bastarán 2 min. al grill.

Cubrir las vieiras con queso de cabra, jamón serrano y unas gotas de vinagre balsámico.

Sacar las vieiras con cuidado de las bandejas y ponerlas en platos sobre un lecho de sal marina. Conviene tener cuidado, pues las conchas podrían quemar.

Para 4 personas como entrante.

El secreto de las vieiras es cocinarlas muy poco tiempo, llevarlas directamente a la mesa y consumirlas de inmediato.

Pocas cosas hay tan impresionantes como un soufflé dorado. Estas delicias doblemente horneadas son un regalo del cielo porque pueden prepararse con antelación y servir sin dilación cuando se desee.

soufflés de queso doblemente horneados

250 ml (1 taza) de leche
2 clavos, cada uno clavado en media cebolla
3 granos de pimienta negra
1 hoja de laurel
60 g (2 1/4 oz) de mantequilla
3 cs de harina de fuerza
2 huevos, a temperatura ambiente, separados
125 g (4 1/2 oz) de queso Gruyère rallado
250 ml (1 taza) de nata
50 g (1/2 taza) de queso parmesano rallado

Poner la leche, la cebolla con el clavo clavado, los granos de pimienta y la hoja de laurel en una cazuela y calentar hasta que esté a punto de romper a hervir. Apartar del fuego y dejar enfriar durante 10 min. antes de colar en una jarra.

Fundir la mantequilla en una cazuela, añadir la harina y rehogar, removiendo vigorosamente, hasta obtener una pasta suave y brillante. Apartar del fuego e incorporar poco a poco la leche, volver a poner al fuego y remover constantemente hasta que la mezcla hierva y espese. Pasar a un cuenco y añadir las yemas de huevo y el Gruyère.

Batir las claras de huevo a punto de nieve en un cuenco limpio y seco, e incorporarlas al preparado de leche. Repartir entre cuatro ramekines, o moldes individuales, engrasados de 125 ml (1/2 taza). Pasar el dedo por el borde para ayudar a que suban. Colocar los moldes en una bandeja de horno llena de agua. Hornear a 180 °C (350 °F/Gas 4) hasta que suban, aproximadamente 20 min. Sacar del horno, dejar enfriar y refrigerar (hasta dos días).

Para servir, desmoldar cada soufflé en una fuente refractaria poco honda, verter la nata por encima, espolvorear el queso parmesano y hornear a 200 °C (400 °F/Gas 6) hasta que se doren, aproximadamente 20 min.

Para 4 personas como entrante.

tempura de langostinos

Para la salsa:
2 cs de mirin
3 cs de salsa de soja
10 g (¼ oz) de bonito desmigado

100 g (3½ oz) de harina para tempura
150 ml (5 fl oz) de agua fría
aceite vegetal
12 langostinos crudos, pelados y desvenados, con las colas intactas
daikon rallado
jengibre encurtido

La tempura resulta deliciosa con una salsa delicada. Para hacerla, no hay más que poner el mirin, la salsa de soja, el bonito desmigado y 250 ml (1 taza) de agua en una cazuela. Llevar a ebullición, colar y dejar enfriar mientras se preparan los langostinos.

La masa para la tempura es un sencillo preparado de harina y agua fría, y el secreto es incorporar el agua sin apenas batir (preferiblemente con palillos) y no eliminar los grumos.

Untar 3 ó 4 langostinos (será más fácil cocinarlos si están fríos) en la masa y freírlos por tandas (a una temperatura constante de 180 °C/350 °F) hasta que estén dorados y crujientes. Escurrir sobre papel de cocina.

Servir con la salsa, un montoncito de daikon rallado (exprimirlo bien después de rallarlo) y jengibre encurtido.

Para 4 personas como entrante.

En la actualidad muchos supermercados ofrecen productos como harina para tempura. Si no la encuentras, ve a un establecimiento de alimentación asiático.

Si te da repelús limpiar los calamares, pídele al pescadero que los limpie y corte a la mitad. No hay excusa para negarte este sabrosísimo plato.

calamares con sal y pimienta

1 kg (2 lb 4 oz) de calamares pequeños,
limpios y cortados a la mitad
250 ml (1 taza) de leche
2 cs de zumo de limón
2 cs de sal marina
1½ cs de granos de pimienta negra
2 cs de azúcar
250 g (2 tazas) de harina de maíz
4 claras de huevo batidas ligeramente
aceite
rodajas de limón

Secar los calamares con papel de cocina.
Extenderlos en una tabla de corte con
el interior hacia arriba y, con ayuda de
un cuchillo afilado, trazar un rombo sin
cortar del todo la carne. Cortar los tubos
en rectángulos pequeños y ponerlos en un
cuenco. Cubrir con leche y zumo de limón,
y refrigerar durante 15 min.
Machacar en el mortero la sal, los granos
de pimienta y el azúcar hasta obtener un
polvo fino. Pasar a un cuenco y añadir la
harina de maíz. Untar los trozos de calamar
en la clara de huevo y enharinar en la harina
salpimentada, dando golpecitos para eliminar
el sobrante.
Freír los calamares por tandas hasta que estén
crujientes y dorados. Servir con rodajas de
limón.
Para 4 personas como entrante.

pato a la pekinesa

1 pato chino asado grande
(en establecimientos
de alimentación asiática)
24 obleas Mandarin (en restaurantes
o supermercados
de comida asiática)
6-8 cebolletas cortadas en tiras
medio pepino cortado en tiras
salsa hoisin o de ciruelas

Indudablemente la mejor parte del pato asado chino es la piel brillante, y el objetivo es que cada oblea reciba un poco de carne de pato, además de una tira de piel. Así pues, hay que desmenuzar el pato con las manos o cortarlo en trozos con un cuchillo de trinchar grande. Después, cortar la piel en tiras pequeñas. Colocar la carne y la piel en una fuente.

Calentar las obleas: 5 min. en vaporera o 40 seg. en el microondas.

Poner las obleas, las cebolletas y el pepino en platos distintos. Hay dos opciones: que cada comensal prepare sus propias obleas o que seas tú quien las prepare. Para preparar los rollitos, no hay más que extender 1 ct de salsa hoisin en el centro de cada oblea, añadir unas tiras de cebolleta, un poco de pepino, de piel y carne de pato, y luego enrollar la oblea y doblar el borde inferior para evitar que se caigan los ingredientes del interior.

Para 6 personas como entrante.

Parte de lo divertido de este plato popular chino es preparar y enrollar las obleas con la correcta combinación de carne tierna, piel brillante, salsa de ciruela dulce y cebolleta crujiente.

Los chanquetes fritos son deliciosos bocados de pescado que pueden comerse con la mano. Son exquisitos con un cuenco de salsa tártara.

chanquetes con salsa tártara especial

Para la salsa tártara:
200 g (7 oz) de *crème fraîche* o crema agria
2 cs de mahonesa
3 pepinillos en vinagre picados finamente
2 cs de alcaparras picadas finamente
1 cs de zumo de limón
1 cs de perejil de hoja plana (italiano) picado

500 g (1 lb 2 oz) de chanquetes
125 g (1 taza) de harina de trigo
aceite vegetal para freír

Comenzar preparando la salsa tártara. Mezclar en un cuenco la *crème fraîche*, la mahonesa, los pepinillos, las alcaparras, el zumo de limón y el perejil.

Continuar con los chanquetes. En primer lugar, lavarlos y secarlos con papel de cocina. A continuación, enharinar los chanquetes: la forma más sencilla de hacelo es poner la harina en un cuenco con un poquito de sal y pimienta, y luego pasar por la harina los pescaditos. Dar golpecitos para eliminar el exceso de harina y evitar que se formen grumos de masa al freírlos.

Freír los chanquetes por tandas hasta que estén crujientes y dorados. Esto no llevará mucho tiempo: 1 ó 2 min. Sacar del aceite con una espumadera y escurrir sobre papel absorbente. Echar sal: no sólo absorberá parte del aceite, sino que contribuirá a la sensación de "frescor marino". Servir montones de pescaditos calientes en platos y acompañar con un cuenco pequeño de salsa tártara para untar.

Para 4 personas como entrante.

Añade unos trozos
de pollo cocinado y disfruta
de una variación sabrosa
de este clásico.

ensalada caesar

3 huevos
3 dientes de ajo machacados
2-3 anchoas
1 ct de salsa Worcestershire
2 cs de zumo de lima
1 ct de mostaza de Dijon
200 ml (7 fl oz) de aceite de oliva
3 rebanadas de pan blanco, sin corteza
3 lonchas de bacon
1 lechuga romana grande o 4 cogollos
75 g (3/4 taza) de raspas de queso parmesano

Procesar los huevos, el ajo, las anchoas, la salsa
Worcestershire, el zumo de lima y la mostaza
en un robot de cocina hasta obtener una
pasta suave. Con el motor en marcha, agregar
poco a poco casi todo el aceite hasta que esté
cremoso.
Cortar el pan en dados. Freír el pan y luego
el bacon en el aceite restante hasta que esté
crujiente. Partir el bacon en trocitos. Mezclar
la lechuga con el aliño, añadir los picatostes, el
bacon y el parmesano.
Para 6 personas.

El sabor apimentado de la ruqueta anima casi cualquier ensalada y combina a la perfección con el parmesano.

ensalada de rúcula y parmesano

3 cs de aceite de oliva virgen extra
2 cs de vinagre balsámico
1 diente de ajo machacado
1 ct de azúcar moreno
200 g (7 oz) de rúcula baby
75 g (3/4 taza) de raspas de queso parmesano, más otro poco para decorar

El aliño es muy sencillo: mezclar el aceite, el vinagre, el ajo y el azúcar hasta que se disuelva el azúcar. Salpimentar.
Aliñar la rúcula y luego añadir el parmesano. Decorar con una pequeña cantidad de raspas de queso parmesano.
Para 4 personas.

sopa won ton

250 g (9 oz) de carne picada
de langostinos crudos
250 g (9 oz) de carne picada de cerdo
85 g (3 oz) de castañas de agua enlatadas,
troceadas
1 ct de jengibre fresco picado finamente
1¹/₂ cs de harina de maíz, más otro poco
para espolvorear
3¹/₂ cs de vino de arroz Shaoxing
1¹/₂ ct de aceite de sésamo tostado
30 obleas won ton cuadradas o redondas
1,5 l (6 tazas) de caldo de pollo
(si es casero, la diferencia
será notable)
450 g (1 lb) de espinacas (opcional)
2 cebolletas, sólo la parte verde,
picadas finamente

Para el relleno, poner la carne de langostinos,
la carne de cerdo, las castañas de agua, el
jengibre, la harina de maíz, 2 ct de salsa de
soja, 2 ct de vino de arroz, ¹/₂ ct de aceite de
sésamo, ¹/₂ ct de sal y ¹/₂ de pimienta negra
en un cuenco. Mezclar bien con las manos.
A continuación, rellenar las obleas won ton,
de una en una. Poner 1 ct de relleno en el
centro de cada oblea. Untar el borde con un
poco de agua, doblar por la mitad (en sentido
transversal, no en diagonal), unir las dos
esquinas dobladas y presionar firmemente:
deberían tener un aspecto parecido a los
tortellini. Poner cada won ton en una fuente
espolvoreada de harina de maíz.
Cocer los won ton en una cazuela con agua
hirviendo hasta que suban a la superficie,
aproximadamente 5 min. Sacar del agua con
una espumadera y repartir entre seis platos.
Verter el caldo en una cazuela con la salsa de
soja, el vino de arroz y el aceite de sésamo
restantes y 1 ct de sal; llevar a ebullición.
Añadir las espinacas y cocinar brevemente
hasta que se ablanden. Servir el caldo caliente
por encima de los won ton y espolvorear con
las cebolletas.
Para 6 personas.

Busca un establecimiento de alimentación oriental y acude a él con asiduidad. Descubrirás un nuevo mundo de ingredientes exóticos.

Este plato, sencillo y delicioso, es la quintaesencia de los sabores italianos. La salvia impregna el pollo, mientras que el jamón serrano conserva jugosa la carne de la pechuga.

pollo encamisado con jamón serrano y salvia

4 pechugas de pollo
1 cs de zumo de limón
1 cs de aceite de oliva
2 dientes de ajo partidos por la mitad
3 hojas grandes de salvia, desmenuzadas
8 lonchas de jamón serrano
16 hojas de salvia (preferiblemente pequeñas o medianas)
2 cs de aceite de oliva

Lo primero es marinar el pollo en un aromático aceite con hierbas y ajo. Poner el pollo en un cuenco de cristal o cerámica que sea lo bastante grande para hacer una sola capa. Mezclar el zumo de limón, el aceite de oliva, el ajo y la salvia desmenuzada, y verter por encima del pollo. Tal vez haya que dar vuelta a los trozos de pollo unas cuantas veces para que se recubran bien en la marinada. Tapar y refrigerar durante 1 h.

Desechar el ajo y salpimentar el pollo. Envolver cada pechuga con dos lonchas de jamón serrano, introduciendo dos hojas de salvia en la parte superior y dos en la inferior. El objetivo es que las hojas de salvia no se salgan, pero que asomen un poco. Sujetar el jamón serrano clavando un par de palillos. Aplastar las pechugas con la mano para procurar una cocción uniforme.

Calentar el aceite en una sartén a fuego medio y freír el pollo hasta que esté dorado y bien hecho, unos 5 min. por cada lado. Dejar reposar el pollo unos minutos, retirar los palillos y servir. Resulta delicioso acompañado de polenta y ensalada verde fresca.

Para 4 personas.

pescado rebozado con patatas gajo

Para la salsa tártara:
185 g (3/4 taza) de mahonesa
3 cs de crema agria
6 pepinillos en vinagre picados
2 cs de alcaparras
2 cs de perejil picado

125 g (1 taza) de harina de trigo
250 ml (1 taza) de cerveza fría
aceite para freír
1 kg (2 lb 4 oz) de patatas sebago, peladas
y cortadas en gajos gruesos
4 filetes de trucha

La salsa tártara es sencilla: no hay más que mezclar todos los ingredientes en un cuenco. Para preparar la masa del rebozado, tamizar la harina en un cuenco y aderezar generosamente con sal marina y pimienta negra recién molida. Agregar la cerveza y batir hasta obtener una masa suave.

Para que las patatas gajo queden crujientes y doradas, deben hacerse dos veces. No cabrán todas en la sartén, así que se freirán por tandas. Freír hasta que estén doradas, sacar del aceite con una espumadera y escurrir sobre papel de cocina. Cuando estén hechas todas, volver a meter las patatas en el aceite (de nuevo, por tandas) y freír hasta que estén doradas y crujientes. Sacar del aceite, echar sal y mantener calientes mientras se cocina el pescado.

Volver a calentar el aceite. Secar los filetes de pescado con papel de cocina. Rebozar la trucha en la masa y freír por tandas de 3 a 5 min., dependiendo del tamaño y el grosor de los filetes. Servir con las patatas gajo y abundante salsa tártara.

Para 4 personas.

Una masa perfecta para rebozar el pescado. No sólo lo protege, dejando una carne tierna, sino que aporta un delicioso sabor a malta.

La magia del cerdo asado es su piel crujiente. Es realmente fácil de conseguir: no hay más que masajear la pierna con abundante aceite y sal antes de meterla en el horno.

cerdo asado con corteza crujiente

1 pierna de cerdo de 4 kg (9 lb)
aceite y sal para frotar la pierna

Para la salsa:
1 cs de brandy o Calvados
(Calvados es brandy de manzana)
2 cs de harina
375 ml (1½ tazas) de caldo de pollo
125 ml (½ taza) de zumo de manzana
sin azúcar

Practicar cortes en la piel del cerdo a intervalos de 2 cm (¾ pulg.) con un cuchillo afilado. Untar la pierna con aceite y sal: ser generoso. Poner la pierna, con la corteza hacia arriba, en una rejilla sobre una bandeja de asar.

Echar un poco de agua en la bandeja. Hornear a 250 °C (500 °F/Gas 9) durante 30 min. o hasta que la piel comience a crujir y hacer burbujas. Reducir el fuego a 180 °C (350 °F/Gas 4) y hornear otras 2 h. y 40 min. El cerdo está hecho cuando, al pinchar la carne con un tenedor, el jugo es transparente. No tapar o la costra se ablandará. Dejar reposar en un lugar templado durante 10 min. antes de trinchar. Para la salsa, retirar de la bandeja de asado todo el jugo, salvo 2 cs, y poner a fuego medio. Añadir el brandy y remover deprisa para despegar el jugo pegado en la base de la bandeja. Cocinar 1 min. Apartar del fuego, añadir la harina y remover bien. Volver a poner la bandeja en el fuego y cocinar otros 2 min., removiendo constantemente. Apartar del fuego y añadir poco a poco el caldo y el zumo de manzana; volver a poner al fuego, removiendo constantemente, hasta que espese. Sazonar. Lonchear la carne y servir con la costra y la salsa.
Para 6-8 personas.

pollo teriyaki

4 pechugas de pollo pequeñas, con piel, fileteadas
3 cs de salsa de soja japonesa
2 cs de sake
1½ cs de mirin
1½ cs de azúcar moreno
1 ct de jengibre fresco rallado
2 cs de aceite

En primer lugar, aplanar la pechuga hasta obtener filetes de 1 cm (½ pulg.) de grosor. Preparar la marinada: mezclar la salsa de soja, el sake, el mirin, el azúcar y el jengibre en una fuente llana que no sea de metal, lo bastante grande para albergar el pollo en una sola capa, y remover hasta disolver el azúcar. Añadir el pollo y recubrir con la marinada. Cubrir y refrigerar durante 1 h., dando la vuelta una vez.

Sacar el pollo de la marinada y reservar ésta. Freír el pollo, primero con la piel hacia arriba, en una sartén grande y honda, a fuego medio hasta que la piel se dore, unos 5 min. Dar vuelta y freír el otro lado durante 4 min. Sacar el pollo de la sartén aunque no esté completamente hecho.

Añadir la marinada reservada y 3 cs de agua a la sartén y rascar lo que se haya pegado en el fondo. Llevar a ebullición, volver a poner el pollo (con la piel hacia arriba) con su jugo en la sartén. Cocinar hasta que esté bien hecho, unos 5 min., dando vuelta una vez para que el pollo adquiera una cobertura brillante.

Dejar que el pollo repose unos minutos. Mientras reposa, comprobar la salsa: si está demasiado líquida, cocer hasta que espese ligeramente. Regar el pollo con la salsa y servir con verduras y arroz oriental.

Para 4 personas.

El pollo teriyaki es uno de esos platos que tienen el sabor y la textura correctos: húmedo y ligeramente especiado en su interior y crujiente en el exterior.

la tabla de quesos perfecta

Una tabla de quesos es una manera fácil de poner fin a una comida. Para crear la tabla de quesos perfecta, conviene recordar que el secreto es la sencillez. No "ahogar" la tabla con demasiados acompañamientos. Elegir una pera hermosa, unas uvas moscatel o una rodaja de limón caramelizado; una buena hogaza de pan, unas galletitas saladas; y no demasiados quesos: cinco es el máximo autorizado.

Si sólo vas a tener unos cuantos invitados, opta por un queso perfecto: un Brie entero, un trozo grande de Cheddar o (si conoces bien a tus huéspedes) un queso azul. Añade a esto unos cuantos aderezos y... ¡ya está! Aunque resulte paradójico, un trozo de queso grande da un aspecto más generoso que muchos trozos pequeños. Pero, si van a ser muchos invitados, será mejor ofrecer una amplia selección de quesos para que haya algo para todos. Una tabla de quesos equilibrada contendría los siguientes tipos de quesos: queso de cabra, queso semicurado, queso de corteza blanda, queso azul y queso duro.

Conviene tener en cuenta que, como el queso debe servirse a temperatura ambiente, habrá que sacarlo del frigorífico unas 4 h. antes de servir, o tal vez más en invierno. Presenta la selección de quesos en una tabla atractiva o una bandeja grande y... ¡a disfrutar!

Conservación del queso

El queso es una sustancia viva y debe conservarse con cuidado hasta su consumo. Necesita estar en un lugar fresco, pero no húmedo. No congelar nunca el queso. Conservarlo en una caja (sin cerrar) en el cajón de las verduras o en la parte inferior del frigorífico.

No guardar nunca el queso en film transparente porque las sustancias dañinas del plástico podrían migrar al alimento. Si se adquiere empaquetado en plástico, sacarlo inmediatamente del envoltorio y envolver en papel encerado, papel de aluminio o en una bolsa de tela, y luego sellar con cinta adhesiva o una goma. Si el queso viene bien envuelto, conservarlo así.

Maduración del queso

El queso empaquetado en recipientes tendrá una fecha de caducidad o de consumo preferente. Se supone que, en condiciones normales, el queso continúa madurando hasta la fecha de consumo y desde ese momento comenzará a deteriorarse. Al comprar queso empaquetado, conviene comprobar siempre la fecha para estar seguros de que estará maduro el día que deseamos consumirlo. Esto significa que si haces la compra en el supermercado, tal vez tengas que adquirir el queso con algunos días de antelación para acercarte al máximo a su fecha de consumo preferente. Las tiendas especializadas en queso facilitan la tarea: comprueban ellos mismos el proceso de maduración y venden el queso para el día de su consumo.

Cómo cortar el queso

A la hora de cortar el queso, el objetivo es cortarlo de manera que en cada porción pueda disfrutarse todas las partes del queso, desde la corteza hasta el corazón. Así pues, en el caso de quesos con forma de rueda, cortar como si se tratara de una tarta. En los quesos cuadrados, cortar trozos generosos o lonchas finas.

Para cortar el queso, lo ideal es disponer de un cuchillo para queso. Existen un par de versiones de cuchillos para queso, pero todas tienen la punta arqueada, que desprende los trozos de queso y ayuda a elevarlos sobre una galletita o trozo de pan. El modelo más útil tiene un borde serrado, muy útil para cortar quesos duros, y agujeros en la hoja para evitar que se peguen los quesos blandos.

azucarado
dulce rendición

Los besos son para los amantes, pero éstos son tan deliciosos que tal vez no quieras compartirlos.

besos de merengue de café

3 claras de huevo
115 g (1/2 taza) de azúcar extrafino
2-3 ct de café instantáneo en polvo

Coger un cuenco muy limpio (el más leve rastro de grasa impedirá que las claras se monten) y batir las claras a punto de nieve: esta tarea es realmente sencilla con una batidora eléctrica. Añadir el azúcar, de cucharada en cucharada, batiendo bien tras cada adición. Batir hasta que la mezcla esté espesa y brillante, y el azúcar se haya disuelto (esto llevará unos 10 min.). Incorporar el café en polvo.

Introducir las nubes de café en una manga pastelera con boquilla de estrella pequeña y hacer estrellitas de merengue sobre dos bandejas de hornear forradas de papel de horno.

Hornear a 150 °C (300 °F/Gas 2) hasta que estén pálidos y secos, aproximadamente 20 min. El secreto para secar el merengue es secarlo de verdad, muy lentamente. Apagar el horno, dejar la puerta abierta y dejar que los merengues se enfríen en el horno. Cuando estén fríos, guardar en un tarro hermético. Se obtienen 30.

magdalenas de capuchino y chocolate blanco

3 cs de café expreso instantáneo
en polvo
2 cs de agua hirviendo
310 g (2¹/2 tazas) de harina de fuerza
115 g (¹/2 taza) de azúcar extrafino
2 huevos batidos ligeramente
375 ml (1¹/2 taza) de suero de leche
1 ct de extracto de vainilla
150 g (5¹/2 oz) de mantequilla sin sal fundida
100 g (3¹/2 oz) de chocolate blanco troceado
30 g (1 oz) de mantequilla sin sal, adicional
3 ct de azúcar moreno

Cortar ocho trozos de papel de horno y formar cilindros de 8 cm (3 pulg.) que encajen en 8 ramekines, o moldes individuales, de 125 ml (¹/2 taza). Cuando los cilindros estén colocados en los moldes, sujetar con una cuerdecita y poner todos los moldes en una bandeja de horno.

Disolver el café en agua hirviendo y dejar enfriar.

Tamizar la harina y el azúcar en un cuenco. Mezclar los huevos, el suero de leche, la vainilla, la mantequilla fundida, el chocolate blanco y el preparado de café, y remover bien con los ingredientes secos. Calentar el resto de la mantequilla y el azúcar moreno, removiendo hasta que el azúcar se disuelva. Poner esta mezcla en cada molde y alisar la superficie. Hornear durante 25-30 min. a 200 °C (400 °F/Gas 6) hasta que suban y estén hechas al clavar un pincho.

Se obtienen 8.

Prepara estos sofisticados pastelitos en cuestión de minutos y sírvelos recién salidos del horno con una bola de helado a la hora del postre o en el desayuno acompañados de un buen café expreso.

El agua de rosas imparte una dulce fragancia que recuerda los bazares de Oriente Medio.

tortitas con fresas al aroma de agua de rosas

185 g (1 1/2 taza) de harina de fuerza
1 ct de levadura en polvo
2 cs de azúcar extrafino
2 huevos batidos ligeramente
250 ml (1 taza) de leche
60 g (2 1/4 oz) de mantequilla sin sal fundida, más otro poco
100 g (3 1/2 oz) de mantequilla sin sal reblandecida y batida

Para las fresas al aroma de agua de rosas:
400 g (14 oz) de fresas cortadas a la mitad
2 ct de agua de rosas
1 ct de extracto de vainilla
3 cs de sirope de arce

Para el azúcar a la canela:
230 g (1 taza) de azúcar extrafino, adicional
1 cs de canela molida

Comenzar con la masa. Tamizar la harina, la levadura, el azúcar y una pizca de sal en un cuenco, y hacer un hoyo en el centro. Mezclar los huevos, la leche y la mantequilla fundida en una jarra y verter en el hoyo. Batir hasta obtener una masa suave. Cubrir y dejar reposar durante 20 min.

Mientras reposa la masa, hay mucho tiempo para preparar las fresas al aroma de agua de rosas. No tienen complicación alguna: mezclar todos los ingredientes en un cuenco. Preparar un azúcar especiado y aromático combinando el azúcar adicional y la canela.

Cuando la masa haya reposado, calentar una sartén antiadherente y untarla con la mantequilla fundida adicional. Verter un poco de masa (unas 3 cs) en la sartén y remover suavemente. Hacer a fuego lento hasta que aparezcan burbujas en la superficie, aproximadamente 1 min. Dar vuelta a la tortita y hacerla por el otro lado. Pasar a un plato y mantener caliente mientras se hace el resto de las tortitas. Rebozar todas las tortitas en el azúcar especiado, y luego servir montoncitos de tortitas coronadas con la mantequilla fundida y las fresas al aroma de agua de rosas.
Para 4 personas.

pavlova con fruta fresca

4 claras de huevo, a temperatura ambiente
230 g (1 taza) de azúcar extrafino
375 ml (1½ taza) de nata montada
1 plátano cortado en rodajas
125 g (4½ oz) de frambuesas
125 g (4½ oz) de arándanos

Forrar una bandeja de hornear con papel de horno. Dibujar un círculo de 20 cm (8 pulg.) en el papel como guía para conseguir una pavlova con forma bonita. Dar vuelta al papel para que el trazo del lápiz quede hacia abajo. Para que la pavlova salga bien, hace falta un cuenco de cristal o de acero inoxidable seco y completamente limpio. Poner las claras de huevo en el cuenco y batirlas lentamente hasta obtener una espuma. Batir más deprisa hasta que las burbujas de la espuma se vuelvan pequeñas y uniformes. Cuando por fin se consigan picos duros, añadir el azúcar poco a poco, batiendo constantemente después de cada adición, hasta que la mezcla esté espesa y brillante, y el azúcar se haya disuelto.

Extender las nubes brillantes sobre el círculo trazado. Deslizar una espátula alrededor del borde y por encima, y luego pasarlo por el borde de la mezcla, todo alrededor, haciendo surcos. Esto reforzará la pavlova y le dará un aspecto magnífico.

Hornear durante 40 min. a 150 °C (300 °F/Gas 2) hasta que esté pálida y crujiente. Apagar el horno y dejar enfriar la pavlova en su interior con la puerta abierta. Una vez fría, emplear el talento decorativo con la crema y la fruta.
Para 6-8 personas.

Un buen merengue debería ser ligero, quebradizo y frívolo, con una corteza crujiente recubriendo el delicioso y pegajoso centro: la base perfecta para una cobertura cremosa de frutas.

Típicamente americanas, las brownies bien merecen su propio equipo de animadoras.

brownies de chocolate

4 cs de harina
60 g (1/2 taza) de cacao en polvo
460 g (2 tazas) de azúcar
125 g (1 taza) de pacanas o nueces picadas
250 g (9 oz) de chocolate negro de calidad, partido en trocitos
250 g (9 oz) de mantequilla sin sal, fundida
2 ct de esencia de vainilla
4 huevos batidos ligeramente

Engrasar ligeramente un molde de 20 x 30 cm (8 x 12 pulg.) y forrar con papel de horno, dejando que éste sobresalga por los dos lados largos.

Tamizar la harina y el cacao en un cuenco y añadir el azúcar, las nueces y el chocolate. Mezclar y hacer un hoyo en el centro.

Verter la masa en los ingredientes secos junto con la vainilla y los huevos, y mezclar bien hasta obtener una masa chocolateada espesa. Verter en el molde, alisar la superficie y hornear a 180 °C (350 °F/Gas 4) durante 50 min.: la mezcla todavía estará un poco blanda y pegajosa por dentro. Refrigerar un mínimo de 2 h. antes de desmoldar: será más sencillo si se agarra por el papel que sobresale en los lados. Cortar en trozos y servir.

Se obtienen 24 trozos.

friands de almendras

150 g (5 1/2 oz) de mantequilla sin sal
90 g (1 taza) de almendras fileteadas
4 cs de harina
165 g (1 1/3 taza) de azúcar glas
5 claras de huevo
azúcar glas, adicional, para espolvorear

Fundir la mantequilla en una cazuela pequeña a fuego medio y mantener al fuego hasta que la mantequilla se torne dorada: tan sólo se necesitan unos minutos. Colar para eliminar los residuos (el color se oscurecerá aún más al reposar). Apartar del fuego y dejar enfriar hasta que esté templado.

Moler las almendras en un robot de cocina y ponerlas en un cuenco. Tamizar la harina y el azúcar glas en el mismo cuenco.

Poner las claras de huevo en otro cuenco y batir ligeramente con un tenedor hasta mezclarlo. Añadir la mantequilla y las claras de huevo al preparado de harina. Remover con una cuchara de metal hasta haberlo mezclado.

Poner un poco de masa en 10 moldes de friand de 125 ml (1/2 taza) ligeramente engrasados, llenando cada molde hasta tres cuartos de su capacidad. Poner los moldes en una bandeja de horno y hornear a 210 °C (415 °F/Gas 6-7) durante 10 min.; reducir la temperatura a 180 °C (350 °F/Gas 4) y hornear durante 5 min. más hasta que, al clavar un pincho en el centro de un friand, éste salga limpio. Dejar enfriar en los moldes durante 5 min. antes de desmoldar sobre una rejilla para que se enfríen por completo. Espolvorear azúcar glas y servir.

Se obtienen 10.

Tan ligero y mantecoso que se deshace en la boca, el friand es el acompañamiento preferido del café que hace que la humilde magdalena parezca pasada de moda.

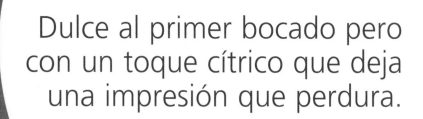

Dulce al primer bocado pero con un toque cítrico que deja una impresión que perdura.

tarta de limón

750 g (1 lb 10 oz) de pasta de hojaldre
4 huevos
2 claras de huevo
285 g (1¼ taza) de azúcar extrafino
190 ml (6½ fl oz) de nata doble
la corteza de tres limones rallada
290 ml (10 fl oz) de zumo de limón

Extender la pasta hasta forrar con ella un molde desmontable circular de 23 cm (9 pulg.) de diámetro. Refrigerar en el frigorífico durante 20 min.

Mientras la pasta está en el frigorífico, preparar el relleno. Batir los huevos, las claras y el azúcar. Añadir la nata, batiendo constantemente, y luego la ralladura y el zumo de limón.

Forrar el molde con un trozo arrugado de papel de horno y alubias. Hornear a ciegas la pasta a 190 °C (375 °F/Gas 5) durante 10 min., retirar el papel y las alubias, y hornear de nuevo de 3 a 5 min. o hasta que la pasta esté hecha pero continúe pálida. Sacar del horno y reducir la temperatura a 150 °C (300 °F/Gas 2).

Poner el molde en una bandeja de horno y verter el relleno en el molde. Volver a meter en el horno durante 35-40 min. o hasta que el relleno haya cuajado. Dejar enfriar por completo antes de servir.

Para 8 personas.

Prueba esta deliciosa salsa por encima de helado, una magdalena de plátano caliente o una rebanada generosa de pudin de caramelo.

salsa butterscotch

70 g (2 1/2 oz) de mantequilla sin sal
185 g (1 taza) de azúcar moreno
185 ml (3/4 taza) de nata

Ésta es una salsa realmente fácil. En primer lugar, mezclar la mantequilla, el azúcar y la nata en una cazuela pequeña a fuego lento hasta que la mantequilla se derrita y el azúcar se disuelva. Llevar a ebullición, reducir el fuego y cocinar a fuego lento durante 2 min. Se obtienen 410 ml (1 2/3 taza).

Entre las posesiones más preciadas de los amantes de los postres siempre hay una receta para una buena salsa de chocolate.

salsa de chocolate

250 ml (1 taza) de nata
30 g (1 oz) de mantequilla sin sal
1 cs de sirope dorado
200 g (7 oz) de chocolate negro troceado

Poner la nata, la mantequilla, el sirope dorado y el chocolate negro troceado en una cazuela. Remover a fuego lento hasta que se funda y adquiera una consistencia suave y brillante. Servir caliente o templada por encima de helado.
Se obtienen 500 ml (2 tazas).

Eton Mess es uno de los platos más elegantes para graduarse de los fogones con matrícula de honor.

eton mess

250 g de fresas maduras
2 merengues ya preparados
250 ml (1 taza) de nata montada
a punto de nieve

En primer lugar, quitar el tallo de las fresas, cortarlas en trozos y apretar suavemente los trozos para liberar el sabor de la fruta. Desmenuzar ligeramente los merengues y reservar. Incorporar las fresas y el merengue a la nata. Servir en platos de cristal: lo ideal es en copas de cóctel o copas de helado antiguas.
Para 4 personas.

Una combinación ligera, perfecta para poner fin a un caluroso día de verano.

flummery

600 g (1 lb 5 oz) de frambuesas maduras aplastadas
230 g (1 taza) de azúcar extrafino
2½ ct de gelatina
nata

Llevar las frambuesas y la nata a ebullición, y cocer a fuego lento durante un par de minutos. Mientras tanto, poner 4 cs de agua en un cuenco pequeño. Espolvorear la gelatina por encima y esperar a que se vuelva blanda y esponjosa.

Añadir la gelatina al puré de frambuesa caliente para que se deshaga. Colar en un tamiz o colador fino, verter en cuatro vasos y dejar que cuaje en el frigorífico durante la noche. Servir con mucha nata.

Para 4 personas.

¿Has oído hablar de un peaje de galletas? Es cuando haces unas galletas tan ricas que no puedes pasar el tarro sin detenerte a coger una… o varias.

galletas deliciosas

175 (6 oz) de mantequilla reblandecida
140 g (3/4 taza) de azúcar moreno
110 g (1/2 taza) de azúcar
2 huevos batidos ligeramente
1 ct de esencia de vainilla
310 g (2 1/2 tazas) de harina
1 ct de bicarbonato
350 g (2 tazas) de pepitas de chocolate negro
125 g (1 taza) de pacanas troceadas

Batir la mantequilla y los azúcares en un cuenco grande hasta obtener una mezcla ligera y esponjosa (mucho mejor si se hace con una batidora eléctrica). Añadir poco a poco los huevos, batiendo bien después de cada adición. Agregar la vainilla y luego la harina tamizada y el bicarbonato, y remover hasta mezclar bien. Por último, incorporar las pepitas de chocolate y las pacanas.

Poner cucharadas de masa en bandejas de horno, dejando suficiente espacio entre ellas para que se extiendan al cocerse. Hornear las galletas a 190 °C (375 °F/Gas 5) hasta que estén ligeramente doradas, aproximadamente 10 min. Dejar enfriar ligeramente sobre las bandejas antes de pasarlas a una rejilla y dejar que se enfríen del todo. Guardarlas en un recipiente hermético.

Se obtienen 40 galletas.

tarta de chocolate

250 g (9 oz) de mantequilla sin sal
250 g (9 oz) de chocolate negro troceado
2 cs de café expreso instantáneo en polvo
150 g (5¹/2 oz) de harina de fuerza
150 g (5¹/2 oz) de harina
60 g (¹/2 taza) de cacao en polvo
1/2 ct de bicarbonato
550 g (2¹/2 tazas) de azúcar
4 huevos
2 cs de aceite de oliva
125 ml (¹/2 taza) de suero de leche

Para el glaseado:
250 g (9 oz) de chocolate negro de hacer
de calidad, troceado
125 ml (¹/2 taza) de nata
145 g (²/3 taza) de azúcar extrafino

Engrasar ligeramente un molde redondo y hondo de 22 cm (8³/4 pulg.) de diámetro. Forrar la base y las paredes del molde con papel de horno, extendiéndolo por lo menos 2 cm (³/4 pulg.) por encima del borde. Preparar un líquido chocolateado con la mantequilla, el chocolate, el café y 185 ml (6 fl oz) de agua caliente fundiendo todo a fuego lento. Apartar del fuego. Tamizar las harinas, el cacao y el bicarbonato en un cuenco grande. Añadir el azúcar y hacer un hoyo en el centro. Con ayuda de una cuchara de metal, mezclar los huevos, el aceite y el suero de leche previamente combinados con los ingredientes secos. Después, hacer lo mismo con el chocolate.

Poner la masa en el molde y hornear durante 1 h. y 40 min. a 160 °C (315 °F/Gas 2-3). Clavar un pincho y, si no sale limpio, hornear otros 5 min. Dejar enfriar en el molde. Cuando esté completamente fría, desmoldar y dejar reposar en una rejilla.

Para hacer el glaseado, fundir todos los ingredientes en una cazuela a fuego lento. Llevar a ebullición, reducir el fuego y cocer a fuego lento 5 min. Apartar del fuego y dejar enfriar ligeramente. Verter el glaseado por encima de la tarta, procurando que los lados se recubran de manera uniforme.

Para 8-10 personas.

Cocinar con chocolate es igual que cocinar con vino: si no es lo bastante bueno para degustarlo por sí solo, tampoco es lo bastante bueno para cocinar. Elige una marca de calidad con un contenido de manteca de cacao del 60-70%.

La baklava, un potente postre consistente en finísimas láminas de hojaldre rellenas de frutos secos y empapadas en almíbar, se sirve con una taza de café fuerte para contrarrestar el dulzor.

baklava

Para el almíbar:
440 g (2 tazas) de azúcar
2 clavos enteros
1 rodaja de limón
1/2 ct de cardamomo molido

235 g (1 1/2 taza) de almendras sin blanquear
picadas finamente
185 g (1 1/2 taza) de nueces
picadas finamente
1 ct de cardamomo molido
1 ct de especias variadas
115 g (1/2 taza) de azúcar extrafino
16 hojas de pasta filo
160 g (2/3 taza) de mantequilla
sin sal fundida

Comenzar con el almíbar: poner todos los ingredientes y 500 ml (2 tazas) de agua en una cazuela grande y llevar a ebullición. Es preciso remover con frecuencia para evitar que se queme. Cocer a fuego lento durante 10 min., sacar los clavos y el limón, y meter el almíbar en el frigorífico a enfriar.

Engrasar un molde poco hondo de 18 x 28 cm (7 x 11 pulg.). Mezclar las almendras, las nueces, el cardamomo, las especias variadas y el azúcar en un cuenco. Coger 4 hojas de pasta filo y, colocándolas por capas, untar cada hoja con un poco de mantequilla fundida. Doblar las hojas por la mitad en sentido transversal, recortar los bordes para que la pasta encaje en la base del molde y colocar en el molde.

Espolvorear un tercio del preparado de frutos secos por encima de la pasta filo, cubrir con otras cuatro hojas de pasta, untándolas con un poco de mantequilla fundida, doblando y recortando los bordes como se hizo antes. Crear otras dos capas. Recortar los bordes de las capas superiores de pasta filo, untar con mantequilla fundida y practicar cortes con forma de rombos. Hornear a 180 °C (350 °F/Gas 4) hasta que la masa esté dorada y crujiente, una 1/2 h. Verter el almíbar frío por encima de la baklava caliente y refrigerar durante la noche antes de cortar en rombos. Para 10 personas.

índice